Descobrir Jogos Online Grátis

Disponível Aqui:

BestActivityBooks.com/FREEGAMES

5 DICAS PARA COMEÇAR

1) CÓMO RESOLVER LAS SOPA DE LETRAS

Os puzzles têm um formato clássico:

- As palavras estão escondidas sem espaços ou hífenes,...
- Orientação: As palavras podem ser escritas para a frente, para trás, para cima, para baixo ou na diagonal (podem ser invertidas).
- As palavras podem sobrepor-se ou intersectar-se.

2) APRENDIZAGEM ACTIVA

Ao lado de cada palavra há um espaço para anotar a tradução. Para encorajar a aprendizagem activa, um **DICIONÁRIO** no final desta edição permitir-lhe-á verificar e expandir os seus conhecimentos. Procure e anote as traduções, encontre-as no puzzle e adicione-as ao seu vocabulário!

3) MARCAR AS PALAVRAS

Pode inventar o seu próprio sistema de marcação - talvez já use um? Pode também, por exemplo, marcar palavras difíceis de encontrar com uma cruz, palavras favoritas com uma estrela, palavras novas com um triângulo, palavras raras com um diamante, e assim por diante.

4) ESTRUTURANDO A APRENDIZAGEM

Esta edição oferece um **CADERNO DE NOTAS** prático no final do livro. Nas férias, em viagem ou em casa, pode facilmente organizar os seus novos conhecimentos sem a necessidade de um segundo caderno!

5) JÁ TERMINOU TODAS AS GRELHAS?

Nas últimas páginas deste livro, na secção **DESAFIO FINAL**, encontrará um jogo gratuito!

Rápido e fácil! Consulte a nossa colecção de livros de actividades para o seu próximo momento de diversão e **aprendizagem**, a apenas um clique de distância!

Encontre o seu próximo desafio em:

BestActivityBooks.com/MeuProximoLivro

Aos vossos lugares, preparem-se...Vão!

Sabia que existem cerca de 7.000 línguas diferentes no mundo? As palavras são preciosas.

Adoramos línguas e temos trabalhado arduamente para criar livros da mais alta qualidade para si. Os nossos ingredientes?

Uma selecção de tópicos adequados à aprendizagem, três boas porções de entretenimento, e depois acrescentamos uma colherada de palavras difíceis e uma pitada de palavras raras. Servimo-los com amor e máximo divertimento, para que possa resolver os melhores jogos de palavras e se divirta a aprender!

A sua opinião é essencial. Pode participar activamente no sucesso deste livro, deixando-nos um comentário. Gostaríamos de saber o que mais lhe agradou nesta edição.

Aqui está um link rápido para a sua página de encomendas:

BestBooksActivity.com/Avaliacoes50

Obrigado pela vossa ajuda e divirtam-se!

A Equipa Inteira

1 - Dirigindo

```
Z  T  O  E  U  S  Z  A  K  K  K  B  O  B
F  F  E  K  C  N  B  V  E  M  A  R  B  I
T  R  A  F  I  K  T  G  R  V  F  Ä  Y  L
K  T  V  T  B  P  S  T  A  G  R  N  A  E
N  R  L  P  R  F  V  Ä  G  A  F  S  K  N
G  O  E  Y  H  A  V  R  N  S  G  L  C  N
J  P  K  S  Z  R  K  H  Ä  N  I  E  Y  U
C  S  Y  R  O  A  P  M  G  E  Y  L  L  T
M  N  C  Y  N  F  L  O  T  C  U  L  O  Z
V  A  R  N  I  N  G  T  O  I  A  Z  X  P
P  R  O  B  V  H  I  O  F  L  G  A  T  A
X  T  T  J  F  J  C  R  G  A  R  A  G  E
C  O  O  S  Ä  K  E  R  H  E  T  U  C  L
B  F  M  B  R  O  M  S  A  R  B  G  O  B
```

OLYCKA	MOTORCYKEL
BIL	MOTOR
BRÄNSLE	FOTGÄNGARE
VARNING	FARA
VÄG	POLIS
BROMSAR	GATA
GARAGE	SÄKERHET
GAS	TRANSPORT
LICENS	TRAFIK
KARTA	TUNNEL

2 - Antiguidades

```
N O I T K U A M V K P K W M
I N G F O H W Y K Ä T R X G
P W J X N E U N T S R L I U
V G P I S E G T J N X D T S
T U R V T E T I L A V K E F
E L E G A N T L L W B D H B
L B M Y E D A R D N U H R Å
E N T U S I A S T D A N M P
I N V E S T E R I N G V V P
S K U L P T U R Z R S N O V
I D E K O R A T I V T B A M
Å R T I O N D E N G I J S E
M Ö B E L W O I R E L L A G
R E S T A U R E R I N G F X
```

KONST	INVESTERING
DEKORATIV	AUKTION
ÅRTIONDEN	MÖBEL
ELEGANT	MYNT
ENTUSIAST	PRIS
SKULPTUR	KVALITET
STIL	RESTAURERING
GALLERI	ÅRHUNDRADE
OVANLIG	VÄRDE

3 - Churrascos

```
B A R N K I S U M L U N C H
L G L S A G N E V V M M J I
Z V U V H Z O B U A H V P G
N N A J O G L R J S R U T D
T D V S Å S G E T U F M C S
C T Z T U F I D O Z D J O A
Z Z G R Ö N S A K E R A R L
H T E V F G J L I M A F N T
H U G Y F I P L P E P P A R
S U N F J L P A D B V C Y E
P H M G S G S S O M M A R
E W H R E T A M O T K U R F
L L I R G R A V I N K Z U X
M I D D A G K Y C K L I N G
```

LUNCH	SPEL
INBJUDAN	GRÖNSAKER
BARN	SÅS
KNIVAR	MUSIK
FAMILJ	PEPPAR
HUNGER	VARM
KYCKLING	SALT
FRUKT	SALLADER
GRILL	TOMATER
MIDDAG	SOMMAR

4 - Pesca

```
Ö N X Y T Å B D L H G K P B
R V A H U Å X I G M G K Y E
S K E K Ä K L T R Å D S O T
E K O R K U B A F O J F U E
X J O O D O L F M B U E T F
Z V U C H R I T K O F N R U
P U A Z K M I G G Z D O U M
Y K I F L G T F U A N R S B
V A T T E N L V T S A A T L
I A K D R O I F D K R L N O
H A I W Z S Y W B O T Ä I B
H M V R O Ä H O J R S G N H
P H B L T S N N G G E L G B
W S J Ö G X M O N H G K I L
```

VATTEN   BETE
FENOR   SJÖ
BÅT   KÄKE
GÄLAR   HAV
KORG   TÅLAMOD
KOCK   VIKT
UTRUSTNING   STRAND
ÖVERDRIFT   FLOD
TRÅD   SÄSONG
KROK

5 - Geologia

```
F E A L L A R O K R G S L J
J O Y K A E K S L E R T D O
S R S B R G N J T T O A P R
P K E S R I E N N I T L I D
C H M N I T S R O M T A T B
S Y R A C L Y T L G A K S Ä
C W I K F A C M A A K T U V
Å T A L P S F Z C L T I B N
E D M U I C L A K A L T I I
G T V V R L A V A T R E G N
K O N T I N E N T S U L R G
H R G Y M S T E N O Z H G F
M I N E R A L E R Y Y G G S
E R O S I O N K V A R T S H
```

SYRA	FOSSIL
LAGER	LAVA
GROTTA	MINERALER
KALCIUM	STEN
KONTINENT	PLATÅ
KORALL	KVARTS
KRISTALLER	SALT
EROSION	JORDBÄVNING
STALAKTIT	VULKAN
STALAGMITER	ZON

6 - Ética

```
R  S  R  Y  C  S  Ä  V  I  S  D  O  M  D
A  A  V  E  S  N  A  R  E  L  O  T  K  O
T  M  Z  Ä  S  E  N  U  L  M  T  S  S  D
I  A  T  W  R  P  Y  Y  K  I  P  J  M  P
O  R  T  W  T  D  E  U  S  I  G  Y  Z  O
N  B  E  L  D  K  E  K  I  T  M  H  T  V
A  E  T  H  O  N  G  N  T  I  S  V  E  O
L  T  I  L  M  I  G  X  A  F  I  E  H  T
I  E  R  E  A  L  I  S  M  O  U  Y  G  O
T  I  G  F  L  P  L  V  O  S  R  L  I  W
E  S  E  L  Å  C  M  W  L  O  T  E  L  S
T  Z  T  S  T  R  I  C  P  L  L  L  N  A
M  S  N  V  E  W  R  G  I  I  A  K  Ä  V
M  S  I  M  I  T  P  O  D  F  B  O  V  T
```

ALTRUISM	TÅLAMOD
VÄNLIGHET	RATIONALITET
SAMARBETE	RIMLIG
DIPLOMATISK	REALISM
FILOSOFI	RESPEKTFULL
ÄRLIGHET	VISDOM
INTEGRITET	TOLERANS
OPTIMISM	VÄRDEN

7 - Tempo

```
N  L  R  Y  L  I  E  U  T  C  V  M  X  B
M  O  R  G  O  N  G  F  V  I  S  H  G  Z
E  E  D  X  T  H  S  K  I  R  M  X  W  U
B  Z  D  K  A  L  E  N  D  E  R  M  A  S
Ö  G  O  N  B  L  I  C  K  R  Å  S  E  W
G  A  D  I  O  F  R  A  M  T  I  D  D  V
A  D  H  L  Z  I  F  R  D  A  N  Å  M  E
D  D  J  G  B  O  T  Z  N  T  F  R  I  C
B  I  S  X  U  P  G  R  T  T  T  L  N  K
F  M  K  L  O  C  K  A  Å  P  G  I  U  A
E  Ö  R  I  J  G  K  B  W  N  U  G  T  D
X  R  R  S  S  E  L  J  I  P  P  D  T  R
X  E  A  E  N  V  J  I  I  X  R  N  A  M
I  G  Å  R  H  G  W  F  L  C  B  C  N  N
```

NU	MORGON
ÅR	MIDDAG
FÖRE	MÅNAD
ÅRLIG	MINUT
KALENDER	ÖGONBLICK
ÅRTIONDE	NATT
DAG	IGÅR
FRAMTID	KLOCKA
IDAG	VECKA
TIMME	

8 - Astronomia

```
F Ö R M Ö R K E L S E C Y Z
T J Z U D A G J Ä M N I N G
K O N S T E L L A T I O N T
R W J A S T R O N A U T A E
B K O A G V R M J X A R S N
A L R V R N N E B U L O S A
V L D F U B I G H S V E D L
O E L N R M Å N E R U T D P
N M R V Z O K L L V L E F W
R M A I A K H T H Å R M M H
E I K S I R M O N O R T S A
P H E O K O S M O S Z T Y K
U G T L P C K H P X O R S M
S F S N A S T E R O I D Z P
```

ASTEROID
ASTRONAUT
ASTRONOM
HIMMEL
KONSTELLATION
KOSMOS
FÖRMÖRKELSE
DAGJÄMNING
RAKET

ALLVAR
MÅNE
METEOR
NEBULOSA
PLANET
STRÅLNING
SOL
SUPERNOVA
JORD

9 - Circo

```
G  D  A  R  A  P  D  M  A  G  I  W  R  D
O  C  M  K  I  S  U  M  P  D  J  U  R  X
D  K  J  L  R  A  K  L  L  O  R  T  E  Y
I  N  R  L  K  O  A  P  M  L  A  C  G  B
S  T  Ä  V  D  D  B  W  U  O  S  V  I  A
S  T  L  Ä  T  O  Y  A  L  D  M  R  T  L
C  G  U  H  D  P  G  R  T  E  V  V  X  L
F  A  K  D  A  K  G  U  N  J  J  F  U  O
G  T  A  B  E  P  P  L  A  O  R  O  Y  N
M  Y  T  S  O  K  A  D  F  N  G  H  N  G
Å  S  K  Å  D  A  R  E  E  G  O  L  W  E
T  T  E  J  L  I  B  H  L  L  W  A  O  R
X  N  P  S  J  Z  U  T  E  Ö  B  U  L  Y
A  B  S  Z  W  M  J  I  D  R  J  P  C  O
```

AKROBAT	APA
DJUR	MAGI
BALLONGER	JONGLÖR
BILJETT	TROLLKARL
PARAD	MUSIK
GODIS	CLOWN
ELEFANT	TÄLT
ÅSKÅDARE	TIGER
SPEKTAKULÄR	KOSTYM
LEJON	LURA

10 - Acampamento

```
M  J  D  P  P  V  U  U  T  N  T  L  H  A
V  X  T  C  F  E  R  P  A  P  N  O  X  W
B  E  R  G  G  N  I  N  T  S  U  R  T  U
A  N  U  P  P  W  K  Y  T  T  A  H  L  N
E  Å  J  Y  P  X  L  O  A  P  D  E  Ä  A
H  M  D  L  E  I  V  L  M  J  A  K  T  T
K  W  U  R  R  I  G  I  G  P  C  C  W  U
S  J  Ö  Z  G  V  S  R  N  E  A  O  R  R
I  N  S  E  K  T  S  D  Ä  R  T  S  O  N
K  A  R  T  A  O  E  T  H  R  F  B  S  S
P  E  J  J  G  N  R  J  U  M  V  L  M  K
U  A  H  S  V  A  Z  E  U  G  L  W  Y  O
N  G  R  J  K  K  W  J  P  L  A  G  C  G
X  H  E  O  T  Ä  V  E  N  T  Y  R  Z  L
```

DJUR	SKOG
ÄVENTYR	ELD
TRÄD	INSEKT
KOMPASS	SJÖ
STUGA	MÅNE
JAKT	HÄNGMATTA
KANOT	KARTA
HATT	BERG
REP	NATUR
UTRUSTNING	TÄLT

11 - Ficção Científica

```
A D V N H S Z A V E T I B F
I T R U C N W O O X R M Ö A
L P O H D L R Ä V T O A C N
L H O M Y R B J A R G G K T
U V U J S D I P W E E I E A
S O R A T O B O R M N N R S
I B S F O T E N A L P Ä V T
O C I S P E T M S O A R I I
N L X O I K S I T S Y M X S
U E L D F N E S G Ä L V A K
T K A N O I S O L P X E L G
O A O O X K H D U P U V A O
P R V V B U N X X R A B G J
I O O D V E V Y W R D Y N V
```

ATOM	ILLUSION
BIO	IMAGINÄR
AVLÄGSEN	BÖCKER
DYSTOPI	MYSTISK
EXPLOSION	VÄRLD
EXTREM	ORAKEL
FANTASTISK	PLANET
ELD	ROBOTAR
TROGEN	TEKNIK
GALAX	UTOPI

12 - Mitologia

```
B W C A M Å C P N R M W K H
L G S J Z A S S T Y R K A K
I K L Z I X G K H J Ä L T E
X L E G E N D I A B S D U K
T H D I U T T M S N G P X R
W Ä N L Y P Y T E K R A F I
R M A D H J Ä L T I N N A G
U N P Ö V A R E L S E K N A
N D A D P M M O N S T E R R
X T K O D Ö D L I G H E T E
L I S K A T A S T R O F A I
K U L T U R B E T E E N D E
S V A R T S J U K A G K K M
F A M L H L A B Y R I N T G
```

ARKETYP
SVARTSJUKA
BETEENDE
SKAPANDE
VARELSE
KULTUR
KATASTROF
STYRKA
KRIGARE
HJÄLTINNA

HJÄLTE
ODÖDLIGHET
LABYRINT
LEGEND
MAGISK
MONSTER
DÖDLIG
BLIXT
ÅSKA
HÄMND

13 - Medições

```
P  Y  N  X  T  K  B  C  B  Y  T  E  D  M
T  T  O  N  U  I  P  E  D  V  D  D  E  I
U  N  S  U  M  L  C  N  J  I  A  G  C  N
V  O  L  Y  M  O  D  T  U  K  U  R  I  U
L  E  O  Z  J  M  K  I  P  T  M  R  M  T
J  Ä  B  U  E  E  G  M  R  S  K  Y  A  S
P  P  N  R  W  T  L  E  N  F  F  V  L  C
M  A  R  G  J  E  C  T  G  A  G  F  U  B
K  S  E  F  D  R  N  E  M  G  A  R  L  V
X  S  T  Y  J  D  A  R  G  E  Z  K  W  O
N  A  I  G  Ö  K  E  E  N  R  T  D  N  P
I  M  L  Y  H  K  B  R  R  C  U  E  U  O
K  I  L  O  G  R  A  M  B  L  X  W  R  M
E  Z  M  A  P  H  H  J  B  I  M  W  Y  W
```

HÖJD
BYTE
CENTIMETER
LÄNGD
DECIMAL
GRAM
GRAD
BREDD
LITER
MASSA

METER
MINUT
UNS
VIKT
TUM
DJUP
KILOGRAM
KILOMETER
TON
VOLYM

14 - Álgebra

```
F  A  K  T  O  R  M  M  V  R  T  N  Z  V
F  V  S  O  N  L  I  N  J  Ä  R  R  K  S
Ö  A  I  X  O  E  G  M  F  Z  H  U  N  G
R  R  F  P  I  M  N  V  R  N  L  F  S  K
E  I  F  B  T  R  I  O  R  R  U  R  M  V
N  A  R  G  A  O  N  D  P  L  O  A  P  A
K  B  A  D  V  F  S  H  G  X  C  K  A  N
L  E  X  P  K  O  Ö  I  U  D  E  T  R  T
A  L  D  S  E  Y  L  S  U  I  F  I  E  I
G  B  O  Ä  N  D  L  I  G  A  A  O  N  T
P  R  O  B  L  E  M  R  Z  G  L  N  T  E
N  O  L  L  W  T  A  T  X  R  S  I  E  T
X  U  U  D  L  H  J  A  Z  A  K  V  S  L
K  V  D  T  G  T  S  M  A  M  M  U  S  H
```

DIAGRAM	SIFFRA
EKVATION	PARENTES
EXPONENT	PROBLEM
FALSK	KVANTITET
FAKTOR	FÖRENKLA
FORMEL	LÖSNING
FRAKTION	SUMMA
OÄNDLIG	VARIABEL
LINJÄR	NOLL
MATRIS	

15 - Plantas

```
Z  X  U  U  B  M  A  B  V  B  A  V  D  F
B  I  I  K  C  L  K  S  Z  G  D  Ä  R  T
F  O  I  X  N  J  O  I  T  O  R  D  X  M
L  N  T  V  Y  H  F  M  F  K  Å  Ä  U  U
O  T  R  A  S  S  O  M  M  S  G  V  S  R
R  R  Ö  L  N  C  G  B  G  A  D  E  U  G
A  K  L  C  U  I  C  B  Ö  F  Ä  G  T  R
Z  H  Y  V  G  R  K  Ö  D  D  R  E  K  Ö
L  Ö  V  V  E  R  K  N  S  R  T  T  A  N
B  U  S  K  E  T  V  A  E  H  M  A  K  A
K  R  O  N  B  L  A  D  L  D  G  T  W  R
A  O  H  S  Y  U  A  B  G  W  L  I  X  X
H  F  D  R  B  Ä  R  D  S  N  R  O  A  H
A  K  V  J  Z  Z  N  J  W  J  F  N  F  R
```

BUSKE	FLORA
TRÄD	SKOG
BÄR	LÖVVERK
BAMBU	GRÄS
BOTANIK	MURGRÖNA
KAKTUS	TRÄDGÅRD
ÖRT	MOSSA
BÖNA	KRONBLAD
GÖDSEL	ROT
BLOMMA	VEGETATION

16 - Veículos

```
E V F D M S Z G L S S U B V
C F A Ä T K B G J K T A X I
M Y J C E O N Å R Y B I L U
U O K K L T O E T T O L F B
F S T E I E M J E T N R A Å
T I C O L R K R K E R K N T
P O O W R A B Y A L Z N A K
L A S T B I L J R W W R B O
S J U R A M B U L A N S L D
W R H E L I K O P T E R E I
F Ä K M S D W S K P Z L N Z
B F G R S H U Z Y L V K N S
F L Y G P L A N G A V S U H
J G W P D R R O T K A R T F
```

AMBULANS
FLYGPLAN
FÄRJA
BÅT
CYKEL
LASTBIL
HUSVAGN
BIL
RAKET
HELIKOPTER

FLOTTE
SKOTER
TUNNELBANA
MOTOR
BUSS
DÄCK
UBÅT
TAXI
SKYTTEL
TRAKTOR

17 - Engenharia

```
V D I A M E T E R J P M T D
J I X V N E A U W I E Ä F I
B V N T E T I L I B A T S S
Z E W K L F M M G U K N M T
S P R P E P A Å R W S I A R
D T A Ä M L R T E A T N S I
I V R V K L G T N E Ä G K B
E B O U A N A X E L V W I U
S Z T X K R I U J W A V N T
E R O U R T D N I E M H C I
L J M L Y K U U G D H E H O
G W T J T D V R V J K N S N
C I M J S J T C B U F L X H
F R I K T I O N V P O J U J
```

FRIKTION
VINKEL
BERÄKNING
DIAGRAM
DIAMETER
DIESEL
MÅTT
DISTRIBUTION
AXEL

ENERGI
STABILITET
STRUKTUR
STYRKA
VÄTSKA
MASKIN
MÄTNING
MOTOR
DJUP

18 - Restaurante # 2

```
L M V N N T F J R R E R R T
R D A L L A S I I S S A L T
D P T E O J R T S T Y A W N
P H T F U T V R G K C Y R D
D G E F J S S Ö I U F T C X
A X N A K A K T D R R I L C
R X U G G Ä D I M F Z B L I
N U D L A R N V F F O M U Z
Y S Y M Z A R R Y P R N N M
K R Y D D O R E K C Ä L C H
J S D R E K A S N Ö R G H G
X M T Y L K A F I F J S V H
A P A P P O S Z Y T M F I E
F M I D D A G U S D P V W R
```

LUNCH	GAFFEL
VATTEN	IS
DRYCK	MIDDAG
KAKA	GRÖNSAKER
STOL	NUDLAR
SKED	ÄGG
LÄCKER	FISK
KRYDDOR	SALT
FRUKT	SALLAD
SERVITÖR	SOPPA

19 - Países #2

```
I U X Z H S O A L T X S X S
T N H V W W Y I I R L A N D
I A D E H W D R J W A M F D
A P R O L H N E I T P W R A
H A Y C N H A G X E E L A N
O J I I Z E L I B B N I N M
J S P X L N S N W V B B K A
X A I E R H S I T D S A R R
K N M M Y H Y D E P O N I K
B I K A A Y R X P N M O K O
N A T S I K A P W S A N E S
W R O J F C U R N F L D T A
D K C G M E A A W G I X S P
C U A L B A N I E N A O C L
```

ALBANIEN   LIBANON
DANMARK   MEXICO
FRANKRIKE   NEPAL
HAITI   NIGERIA
INDONESIEN   PAKISTAN
IRLAND   RYSSLAND
JAMAICA   SYRIEN
JAPAN   SOMALIA
LAOS   UKRAINA

20 - Cozinha

```
S  G  O  W  K  V  I  H  S  A  N  Ä  Z  F
Y  E  R  U  I  Y  R  W  N  A  I  T  P  Ö
R  R  R  I  U  O  L  T  S  C  M  P  S  R
F  L  L  V  L  Å  K  S  H  P  L  I  V  K
U  G  N  D  E  L  B  K  K  C  O  N  A  L
C  C  O  L  O  T  O  B  Y  Å  T  N  M  Ä
K  A  A  C  I  Z  T  V  N  V  P  A  P  D
B  U  R  K  K  O  P  P  A  R  E  R  Y  E
O  C  M  E  J  Y  R  U  T  B  C  J  N  T
R  A  D  E  K  S  K  V  E  V  E  L  S  T
O  N  N  L  B  R  O  D  D  Y  R  K  K  K
V  N  V  A  T  T  E  N  K  O  K  A  R  E
G  A  F  F  L  A  R  K  N  I  V  A  R  D
E  K  C  G  D  S  I  M  N  U  C  A  R  K
```

FÖRKLÄDE	GAFFLAR
VATTENKOKARE	KYLSKÅP
SKEDAR	GRILL
SLEV	SERVETT
KOPPAR	BURK
KRYDDOR	KANNA
SVAMP	ÄTPINNAR
KNIVAR	RECEPT
UGN	SKÅL
FRYS	

21 - Material de Arte

```
F  M  E  S  A  V  T  E  D  L  O  T  S  O
P  E  N  N  O  R  A  U  N  A  J  A  T  X
W  Z  C  H  V  R  A  T  S  R  O  B  A  L
Y  M  W  B  E  E  V  W  T  F  C  E  F  E
F  Ä  R  G  E  R  L  L  X  E  G  L  F  R
I  I  Y  G  I  V  I  W  E  A  N  L  L  A
B  L  Ä  C  K  K  M  L  V  S  O  Y  I  B
A  K  V  A  R  E  L  L  E  R  N  R  F  T
O  T  R  Ä  K  O  L  F  P  P  R  K  F  L
W  L  L  F  A  N  U  I  F  A  M  A  Ä  I
Z  W  J  Y  F  W  D  O  K  H  P  Z  R  Y
E  P  H  A  R  E  M  A  K  F  R  P  G  R
K  R  E  A  T  I  V  I  T  E  T  F  E  A
I  K  H  W  S  U  D  D  G  U  M  M  I  R
```

AKRYL	FÄRGER
SUDDGUMMI	KREATIVITET
AKVARELLER	BORSTAR
LERA	PENNOR
VATTEN	TABELL
STOL	OLJA
TRÄKOL	PAPPER
STAFFLI	BLÄCK
KAMERA	FÄRG
LIM	

22 - Números

```
A  F  P  W  N  O  T  T  U  J  S  L  T  W
T  R  E  O  D  W  R  D  A  Y  N  N  X  V
O  D  T  N  G  J  E  D  F  D  N  O  I  N
B  E  T  O  V  X  T  E  A  N  B  T  R  E
T  T  J  T  N  Å  T  T  R  P  A  M  V  N
J  M  U  X  O  T  O  J  N  C  T  E  W  O
D  W  G  E  T  T  N  L  Z  E  E  F  G  L
Y  G  O  S  R  A  R  Y  F  T  T  J  R  L
C  N  O  Y  O  P  S  H  S  T  X  Y  O  M
G  U  J  P  J  L  R  O  E  C  C  B  L  V
T  V  Å  E  F  C  O  W  O  B  A  P  T  W
T  F  F  G  U  Z  V  U  J  S  Y  B  I  E
T  O  E  B  C  T  R  K  E  E  V  L  O  T
Z  L  A  M  I  C  E  D  P  X  D  V  A  B
```

FEM	FJORTON
DECIMAL	FYRA
TIO	FEMTON
SEXTON	SEX
SJUTTON	SJU
ARTON	TRETTON
TVÅ	TRE
TOLV	ETT
NIO	TJUGO
ÅTTA	NOLL

23 - Física

```
K  P  H  F  B  L  E  M  R  O  F  W  E  R
Ä  E  M  H  R  L  P  O  X  A  A  K  L  E
R  O  T  O  M  E  F  T  M  W  L  T  E  L
N  H  U  S  O  S  K  A  P  X  L  P  K  A
K  X  O  K  J  R  L  V  B  K  V  M  T  T
R  I  W  M  U  E  I  X  E  I  A  A  R  I
A  T  A  X  B  V  V  F  R  N  R  G  O  V
F  K  F  K  S  I  M  E  K  A  S  N  N  I
T  E  T  I  S  N  E  D  F  K  A  E  Z  T
A  M  K  O  G  U  T  D  K  E  G  T  Y  E
M  O  L  E  K  Y  L  R  A  M  W  I  A  T
F  Z  Z  M  A  S  S  A  O  H  F  S  O  E
P  A  R  T  I  K  E  L  S  X  B  M  E  H
A  C  C  E  L  E  R  A  T  I  O  N  R  Y
```

ACCELERATION	MASSA
ATOM	MEKANIK
KAOS	MOLEKYL
DENSITET	MOTOR
ELEKTRON	KÄRNKRAFT
FORMEL	PARTIKEL
FREKVENS	KEMISK
GAS	RELATIVITET
ALLVAR	UNIVERSELL
MAGNETISM	

24 - Especiarias

```
L T P S G C B R M B T Y S I
H N T S N X P B Y K O A D N
V A M M U M E D R A K Ö L G
A N I S W W P U R O S M K E
O V H A D G P K U X U N E F
A P F J T L A S C T M Z E Ä
K A N E L Ö R F Ä N K Å L R
L A K R I T S M B B H S V A
L S E Y H V A N I L J M I T
T Z U P F S H G I G D A T H
N S Z R E T T I B M W K L A
K O R I A N D E R B M W Ö L
S A F F R A N L B N U U K T
A J H K S D T W F H R M K T
```

SAFFRAN	LÖK
LAKRITS	KORIANDER
VITLÖK	KUMMIN
BITTER	SÖT
ANIS	FÄNKÅL
SUR	INGEFÄRA
VANILJ	MUSKOT
KANEL	PEPPAR
KARDEMUMMA	SMAK
CURRY	SALT

25 - Países #1

```
N E I L I S A R B N P E I I
E I C D H D D G Z O A C S N
T P C N K E A S X R N U R D
P S L A G E N E S G A A A I
Y D J L R C A F B E M D E E
G W F N R A K D D C A O L N
E K F I H G G P P N X R H P
P C L F B W G U L K H L A A
M A L I F T N M A L R U A F
M A R O C K O N E I L A T I
T Y S K L A N D N P R W R Z
S P A N I E N E L O P A Z H
A B X B K A M B O D J A K P
V E N E Z U E L A E E R S Z
```

TYSKLAND   ITALIEN
BRASILIEN   INDIEN
KAMBODJA   MALI
KANADA   MAROCKO
EGYPTEN   NICARAGUA
ECUADOR   NORGE
SPANIEN   PANAMA
FINLAND   POLEN
IRAK   SENEGAL
ISRAEL   VENEZUELA

26 - A Mídia

```
D  V  Y  U  Å  T  T  L  G  I  N  G  O  T
K  I  C  K  P  S  X  F  E  L  Ä  N  F  I
O  R  G  O  N  P  I  G  H  E  T  I  F  D
M  T  X  I  O  V  K  K  T  E  V  R  E  N
M  S  E  D  T  E  B  O  T  V  E  E  N  I
U  U  X  A  O  A  V  T  P  B  R  I  T  N
N  D  P  R  F  V  L  C  U  P  K  S  L  G
I  N  F  A  K  T  A  T  V  V  L  N  I  A
K  I  E  N  S  K  I  L  D  A  A  A  G  R
A  U  T  G  Å  V  A  I  E  A  K  N  D  E
T  X  T  J  G  R  W  D  L  N  O  I  D  R
I  B  I  A  W  I  Y  W  E  Y  L  F  E  R
O  P  G  Y  A  T  T  I  T  Y  D  E  R  Y
N  F  K  O  M  M  E  R  S  I  E  L  L  U
```

ATTITYDER	INDUSTRI
KOMMERSIELL	TIDNINGAR
KOMMUNIKATION	LOKAL
DIGITAL	UPPKOPPLAD
UTGÅVA	ÅSIKT
FAKTA	OFFENTLIG
FINANSIERING	RADIO
FOTON	NÄTVERK
ENSKILD	TV

27 - Casa

```
K  B  B  X  F  R  L  I  E  A  U  K  E  X
M  I  S  D  V  U  Z  N  Y  S  J  G  H  I
Ö  B  C  T  R  M  Z  G  S  U  K  A  Z  Ö
B  L  J  W  A  T  T  A  M  X  R  R  N  P
E  I  D  L  P  K  N  X  C  A  A  D  Y  P
L  O  F  U  E  Ö  E  S  L  A  N  I  C  E
T  T  S  A  V  K  V  T  P  H  X  N  K  N
R  E  D  Ö  R  R  C  L  D  E  U  E  L  S
Ä  K  G  G  M  A  P  H  P  U  G  R  A  P
D  C  G  A  Y  V  T  C  M  C  C  E  R  I
G  X  Ä  V  R  E  T  S  N  Ö  F  B  L  S
Å  V  V  V  O  A  K  U  V  I  N  D  I  X
R  W  Y  M  R  E  G  D  C  R  D  M  V  G
D  Z  S  S  S  K  O  R  S  T  E  N  H  P
```

BIBLIOTEK	TRÄDGÅRD
STAKET	ÖPPEN SPIS
SKORSTEN	MÖBEL
NYCKLAR	VÄGG
DUSCH	DÖRR
GARDINER	RUM
KÖK	VIND
SPEGEL	MATTA
GARAGE	KRAN
FÖNSTER	KVAST

28 - Vegetais

```
S E L L E R I T O M A T O N
K S P E N A T R Y K I K P V
Ä G G P L A N T A V O R U I
I I X H N J O L Z K U F M A
O O S X N A J Y P I J F P L
P I N G E F Ä R A I H A A Ö
S C H A L O T T E N L Ö K K
R S I T A T O P V I T L Ö K
S Ä X Z W G R K B Y Y D E K
V Ä D P J F O G U R K A Z K
A V R I P M M S A L L A D B
M M E T S P E R S I L J A O
P A R C A A B R O C C O L I
K R O N Ä R T S K O C K A O
```

PUMPA	SVAMP
SELLERI	ÄRTA
KRONÄRTSKOCKA	SPENAT
VITLÖK	INGEFÄRA
POTATIS	ROVA
ÄGGPLANTA	GURKA
BROCCOLI	RÄDISA
LÖK	SALLAD
MOROT	PERSILJA
SCHALOTTENLÖK	TOMAT

29 - Balé

```
K O N S T N Ä R L I G O D F
I I F A A W L X G W T R J P
L B N Y H P W V E T E K M U
B C M T Y R P W S L K E U Ö
U X D F E G F L T N S S V
P S T I L N R W Å Z I T K A
B T K O A B S A W D K E L P
M U S I K I U I C H E R E E
D A N S A R E H T I W R R Z
F Ä R D I G H E T E Ö W J M
K O M P O S I T Ö R T S O T
G U M V K O R E O G R A F I
E U T T R Y C K S F U L L H
N V A A B A L L E R I N A W
```

APPLÅDER	FÄRDIGHET
KONSTNÄRLIG	INTENSITET
BALLERINA	MUSKLER
KOMPOSITÖR	MUSIK
KOREOGRAFI	ORKESTER
DANSARE	ÖVA
STIL	PUBLIK
UTTRYCKSFULL	RYTM
GEST	TEKNIK
GRACIÖS	

30 - Adjetivos #1

```
G  I  L  R  Ä  N  T  S  N  O  K  R  Ö  M
I  E  I  D  E  N  T  I  S  K  S  M  J  Y
L  O  N  A  B  S  O  L  U  T  I  N  A  F
R  X  O  E  V  I  T  K  A  R  T  T  A  B
A  F  S  J  R  E  M  Y  B  R  O  V  T  T
V  S  T  O  R  Ö  B  T  G  R  X  I  E  P
L  D  X  U  G  K  S  R  J  R  E  L  G  C
L  Å  N  G  S  A  M  P  E  R  F  E  K  T
A  K  X  N  B  P  R  M  O  D  E  R  N  H
Y  X  I  U  U  U  O  M  Y  S  T  I  S  K
X  X  P  T  J  T  N  T  D  E  F  L  R  M
C  O  L  L  U  F  E  D  R  Ä  V  C  M  Z
V  I  K  T  I  G  I  L  R  Ä  X  V  H  M
H  X  C  M  A  R  O  M  A  T  I  S  K  V
```

ABSOLUT	ÄRLIG
AROMATISK	IDENTISK
KONSTNÄRLIG	VIKTIG
ATTRAKTIV	LÅNGSAM
ENORM	MYSTISK
MÖRK	MODERN
EXOTISK	PERFEKT
TUNN	TUNG
GENERÖS	ALLVARLIG
STOR	VÄRDEFULL

31 - Psicologia

```
K U X S R A K N A T G D X E
S O N O K X R Ä G L O R R R
I T N D M M O D N R A B A F
N E F F E E S C I S A A M A
I R I M L R O C N E L G M R
L A D T B I M Y M E S O Ö E
K P S Y O L K E Ö G N R R N
N I U I R L C T D O Ä N D H
C C L F P Z V D E V K C J E
U E D N E E T E B E E F Y T
U P P F A T T N I N G T Y E
V E R K L I G H E T C X N R
M E D V E T S L Ö S Y P U A
I N F L U E N S E R L V X R
```

BEDÖMNING
KLINISK
BETEENDE
KONFLIKT
EGO
KÄNSLOR
ERFARENHETER
MEDVETSLÖS
BARNDOM

INFLUENSER
TANKAR
UPPFATTNING
PROBLEM
VERKLIGHET
KÄNSLA
DRÖMMAR
UNDERMEDVETNA
TERAPI

32 - Paisagens

```
B Z C G U R S F E L S G G L
L U B Y G E Z L L N X L O J
L P I G F F T O R O M A W H
A G J W N G L G F V D C N N
F R C D C J F X L T V I S L
N E D A E H W F T W E Ä X H
E B N N A K L U V O N R F Y
T S A E U Y X M H J H F J D
T I R K W T R D V K G A U A
A J T Ö Z R G R O T T A V L
V V S J W Ä R H A L V Ö C J
P I A S R S E L L U K Ö D H
G K O U D K B F W D Y H V L
U B A N F R Z Y A J W O S B
```

VATTENFALL	BERG
GROTTA	OAS
KULLE	TRÄSK
ÖKEN	HALVÖ
VIK	STRAND
GLACIÄR	FLOD
GOLF	TUNDRA
ISBERG	DAL
SJÖ	VULKAN
HAV	

33 - Dança

```
T R A D I T I O N E L L K E
S H R O L Y H W B L U A L V
N C O S O H Å J X M Z K A R
O F T P E S L E R Ö R A S E
K Y C U P E L K R S B D S P
M U S I K A N R Y G N E I E
K U L T U R I O T L S M S T
K I X X G H N P M A C I K I
N Å D F K S G P G D H E K T
U T T R Y C K S F U L L Ä I
K O R E O G R A F I F N N O
P A R T N E R J A S G R S N
R N D D V I S U E L L B L Z
K U L T U R E L L C Z L A D
```

AKADEMI
GLAD
KONST
KLASSISK
KOREOGRAFI
KROPP
KULTUR
KULTURELL
KÄNSLA
REPETITION

UTTRYCKSFULL
NÅD
RÖRELSE
MUSIK
PARTNER
HÅLLNING
RYTM
HOPPA
TRADITIONELL
VISUELL

34 - Nutrição

```
S  Y  N  R  V  I  C  F  M  M  Y  I  G  G
M  J  R  E  N  I  E  T  O  R  P  F  F  E
A  G  C  I  S  Y  K  B  I  T  T  E  R  K
K  N  V  R  K  Å  A  T  S  O  K  B  W  O
C  I  L  O  A  K  S  I  R  F  F  A  U  L
F  N  R  L  H  G  R  T  M  R  G  L  X  H
L  T  Y  A  W  N  O  P  M  I  U  A  T  Y
Z  L  H  K  N  I  M  A  T  I  V  N  O  D
N  Ä  R  I  N  G  S  Ä  M  N  E  S  X  R
T  M  Ä  T  L  I  G  G  V  P  H  E  I  A
G  S  K  V  A  L  I  T  E  T  Ä  R  N  T
S  T  J  Ä  S  N  I  N  G  I  L  A  L  E
H  A  V  Ä  T  S  K  O  R  C  S  D  G  R
L  M  B  D  G  W  X  U  R  L  A  T  W  M
```

BITTER	SÅS
APTIT	NÄRINGSÄMNE
KALORIER	VIKT
KOLHYDRATER	PROTEINER
ÄTLIG	KVALITET
KOST	SMAK
MATSMÄLTNING	FRISKA
BALANSERAD	HÄLSA
JÄSNING	TOXIN
VÄTSKOR	VITAMIN

35 - Energia

```
Z  O  N  F  Ö  R  N  Y  B  A  R  K  W  A
M  T  I  Z  F  G  P  J  W  F  N  O  Y  S
N  X  S  Ö  S  V  R  M  M  I  E  L  Z  Y
I  G  N  C  J  F  O  T  O  N  I  R  A  E
D  I  E  S  E  L  N  O  R  T  K  E  L  E
E  W  B  W  M  Y  I  R  E  T  T  A  B  C
S  L  N  W  R  V  B  M  S  F  V  Ä  T  E
S  O  E  L  Ä  P  R  L  V  A  P  X  Y  T
V  Y  L  K  V  H  U  V  L  R  O  T  O  M
H  U  U  P  T  E  T  U  E  K  V  I  N  D
V  E  M  W  G  R  E  L  S  N  Ä  R  B  G
Y  B  T  R  G  N  I  N  E  R  O  R  Ö  F
E  N  T  R  O  P  I  S  F  Ä  A  Y  B  L
I  N  D  U  S  T  R  I  K  K  U  D  J  D
```

MILJÖ	BENSIN
BATTERI	VÄTE
VÄRME	INDUSTRI
KOL	MOTOR
BRÄNSLE	KÄRNKRAFT
DIESEL	FÖRORENING
ELEKTRISK	FÖRNYBAR
ELEKTRON	SOL
ENTROPI	TURBIN
FOTON	VIND

36 - Disciplinas Científicas

```
P S Y K O L O G I J O I I S
M M L X L I G O L O E G M O
K I N E S I O L O G I O M C
A G K I T S I V G N I L U I
G O I G M K Z P R E M A N O
A L N O M O E I R P E R O L
R O A L Y V N M N V K E L O
K I T O R H Z O I I O N O G
E B O R M N K X R D I I G I
O F B O P W Z H R T B M I E
L F X E I G O L O I S Y F O
O Z F T A N A T O M I A E M
G B T E R M O D Y N A M I K
I U V M N E U R O L O G I H
```

ANATOMI   IMMUNOLOGI
ARKEOLOGI   LINGVISTIK
ASTRONOMI   METEOROLOGI
BIOLOGI   MINERALOGI
BIOKEMI   NEUROLOGI
BOTANIK   PSYKOLOGI
KINESIOLOGI   KEMI
FYSIOLOGI   SOCIOLOGI
GEOLOGI   TERMODYNAMIK

37 - Meditação

```
V I T K E P S R E P Z K U D
K Ä N S L O R M J F S Y P M
M S K I M T U Y L R I R P U
B U E K C Y T E J E N B M S
H S D Y U S A S T D N N Ä I
V P N S D T N L E P E A R K
K Ä A P F N T E H R A L K H
M M N V A A L R M A Y S S Å
P S N L A D I Ö A K V N A L
K Y Ä V I K T R S N F Ä M L
U D K P A G E K K A E K H N
M N D V S N H N C T Y D E I
E I O E I U O E A D J E T N
W W G L M W C R T A F M W G
```

GODKÄNNANDE
VAKEN
UPPMÄRKSAMHET
VÄNLIGHET
KLARHET
MEDKÄNSLA
KÄNSLOR
TACKSAMHET
VANOR
PSYKISK

SINNE
RÖRELSE
MUSIK
NATUR
FRED
TANKAR
PERSPEKTIV
HÅLLNING
TYSTNAD

38 - Artes Visuais

```
U S I F A R G O T O F A X M
A O T O R R U T P L U K S Ä
R U X R K Ä E C Y I J L W S
Z T K N I N P L E C V K N T
S T I T T T S T A N N E P E
T Ä M X E S M R T E M D I R
A R A C K N K D I T J M U V
F T R M T O N K R S F Å Y E
F R E G U K C N K E I L V R
L O K Ä R T J B V C L N U K
I P O I I U L D L A M I O C
P E R S P E K T I V X N R A
K R E A T I V I T E T G B L
C R W D P M A X V Z V L A M
```

LERA	STENCIL
ARKITEKTUR	FILM
KONSTNÄR	FOTOGRAFI
PENNA	KRITA
TRÄKOL	MÄSTERVERK
STAFFLI	PERSPEKTIV
VAX	MÅLNING
KERAMIK	PORTRÄTT
KREATIVITET	LACK
SKULPTUR	

39 - Moda

```
M  M  B  B  O  O  N  L  M  Ä  V  K  E  B
I  Ä  O  O  R  X  R  G  A  M  L  L  T  M
N  T  U  B  I  E  E  D  S  T  E  P  S  F
I  N  T  R  G  N  D  R  G  Y  T  F  T  E
M  I  I  O  I  K  O  Ä  Y  N  P  E  R  L
A  N  Q  D  N  E  M  V  L  I  T  S  E  E
L  G  U  E  A  L  K  S  B  K  K  L  N  G
I  A  E  R  L  F  N  I  L  S  I  J  D  A
S  R  U  I  O  E  A  R  P  I  D  Y  R  N
T  W  V  M  X  O  P  P  W  T  B  J  L  T
I  G  M  Z  G  A  P  Y  E  K  M  O  Y  U
S  C  S  B  I  J  A  E  I  A  U  E  W  W
K  X  D  D  R  T  R  P  O  R  M  P  Z  X
T  E  X  T  U  R  B  Y  Y  P  T  E  S  J
```

PRISVÄRD	MODERN
BRODERI	BLYGSAM
KNAPPAR	ORIGINAL
BOUTIQUE	PRAKTISK
DYR	SPETS
BEKVÄM	KLÄDER
ELEGANT	ENKEL
STIL	TYG
MÄTNINGAR	TREND
MINIMALISTISK	TEXTUR

40 - Instrumentos Musicais

```
G J M Z I U C K T J Ö L F M
P U M A R M T T T T G H C A
Z H W T R O E I E R J T E N
J R O N A I P V N U F A L D
F A G O T T M Z I M J M L O
V X L G I U U B R M G B O L
L O I F G D R Y A A O U B I
E O B O N S T M L P N R A N
P J C G A Z A M K R G I N A
S I D B X L Y X W A H N J O
N W A P B M V J O H L F O I
U S L N G L B F W F A I L N
M H B N O B M O R T O B U V
S L A G V E R K J U R N J C
```

MANDOLIN	TAMBURIN
BANJO	SLAGVERK
KLARINETT	PIANO
FAGOTT	SAXOFON
FLÖJT	TRUMMA
MUNSPEL	TROMBON
GONG	TRUMPET
HARPA	GITARR
MARIMBA	FIOL
OBOE	CELLO

41 - Adjetivos #2

```
Y  N  G  I  L  R  U  T  A  N  T  K  A  K
P  O  D  N  Ä  K  S  I  T  N  E  T  U  A
L  R  A  T  M  V  E  S  T  A  R  K  A  C
K  M  V  R  R  O  T  L  A  S  Z  G  D  W
R  A  Å  E  A  A  L  N  E  L  L  F  N  A
E  L  G  S  V  E  C  F  O  G  P  T  J  N
A  O  E  S  S  T  O  L  T  Y  A  H  H  S
T  A  B  A  R  W  S  L  A  J  Y  N  U  V
I  S  V  N  C  E  C  U  R  U  H  V  T  A
V  J  E  T  O  V  N  T  X  B  U  R  C  R
P  R  O  D  U  K  T  I  V  N  B  C  V  I
F  R  I  S  K  A  Y  N  T  O  Y  G  I  G
N  B  E  S  K  R  I  V  A  N  D  E  L  S
N  P  F  F  J  U  A  V  Z  A  U  P  D  H
```

AUTENTISK	NY
KREATIV	STOLT
BESKRIVANDE	PRODUKTIV
BEGÅVAD	REN
ELEGANT	VARM
KÄND	ANSVARIG
STARK	SALT
INTRESSANT	FRISKA
NATURLIG	TORR
NORMAL	VILD

42 - Roupas

```
F X Y J N A T J H U K K S R
H Ö B Ä L T E T H A G S K M
A K R E L A D N A S T I J O
L L O K S L N V N W O T O I
S Ä P S L O J K D L N G R X
B N M O A Ä N Y S J P P T C
A N U S B H D K K E E V A M
N I R O X Y B E A A B Z J O
D N T L H Z H W R N L G Ö D
C G S L Ä P E J C S U P R E
D Z D N A B M R A N S T T J
P Y J A M A S V J C L L Y K
A B S J T P B G C S K V A A
I F F I N W S D O K P A G W
```

FÖRKLÄDE	HANDSKAR
BLUS	STRUMPOR
BYXOR	MODE
SKJORTA	PYJAMAS
PÄLS	ARMBAND
HATT	KJOL
BÄLTE	SANDALER
HALSBAND	SKO
JACKA	TRÖJA
JEANS	KLÄNNING

43 - Herbalismo

```
U E I A T R V T I M J A N M
P D N R E R V Ä X T W U A G
M B G O T E Ä E G Z P A R R
E B R M I D P D G K M W F O
J A E A L N B N G L E Y F S
R S D T A A L A S Å P L A M
A I I I V I O R D K R E S A
M L E S K R M Ö R N R D J R
I I N K L O M G A Ä B N K I
R K S M X K A L G F F E R N
O A S M A K S Ä O P H V E Ö
L T X N M E D V N O L A J R
I J N P E R S I L J A L C G
Z V I T L Ö K Z F T J S V X
```

SAFFRAN
ROSMARIN
VITLÖK
AROMATISK
VÄLGÖRANDE
KORIANDER
DRAGON
BLOMMA
FÄNKÅL
INGREDIENS

TRÄDGÅRD
LAVENDEL
BASILIKA
MEJRAM
VÄXT
KVALITET
SMAK
PERSILJA
TIMJAN
GRÖN

44 - Arqueologia

```
I  N  V  V  W  N  D  J  O  T  P  D  M  I
B  S  P  M  L  S  A  M  G  B  A  O  O  W
C  E  D  A  P  F  I  K  N  P  J  M  O  E
I  G  N  I  L  T  T  Ä  I  L  H  E  J  F
V  I  Ä  M  Y  S  T  E  R  I  U  M  K  D
I  W  K  S  O  Z  M  G  E  S  P  I  F  T
L  Y  O  M  M  H  Ö  V  D  S  R  R  O  R
I  G  R  A  V  E  L  V  R  O  O  E  R  E
S  Y  L  A  N  A  G  P  Ä  F  F  L  S  P
A  A  N  T  I  K  E  N  V  C  E  I  K  X
T  E  T  R  P  F  V  V  T  F  S  K  A  E
I  O  L  E  P  M  E  T  U  N  S  B  R  Å
O  O  K  O  A  R  E  T  F  U  O  J  E  I
N  T  S  G  D  M  K  P  F  T  R  J  K  I
```

ANALYS	GLÖMT
ÅR	FOSSIL
ANTIKEN	FORSKARE
UTVÄRDERING	MYSTERIUM
CIVILISATION	OBJEKT
ÄTTLING	BEN
OKÄND	PROFESSOR
TEAM	RELIK
ERA	TEMPEL
EXPERT	GRAV

45 - Esporte

```
F  N  D  J  K  H  S  P  C  U  M  K  M  B
U  Ö  B  C  X  Ä  T  R  Y  M  U  O  E  W
G  T  R  E  T  L  Y  O  K  J  S  S  T  L
W  P  H  M  N  S  R  G  L  O  K  T  A  O
R  U  P  Å  Å  A  K  R  I  G  L  N  B  U
T  D  P  O  L  G  A  A  N  G  E  Ä  O  T
S  P  O  R  T  L  A  M  G  N  R  R  L  O
F  S  R  F  Z  Å  I  C  O  I  G  I  I  K
I  N  K  S  J  M  W  G  G  N  V  N  S  L
M  A  X  I  M  E  R  A  H  G  R  G  K  C
I  D  R  O  T  T  A  R  E  E  P  H  F  I
J  X  P  P  E  R  A  N  Ä  R  T  Y  F  G
Z  K  I  Y  F  G  W  R  V  J  A  T  Y  Y
C  D  Y  W  Z  S  O  N  S  J  A  I  W  A
```

IDROTTARE	METABOLISK
FÖRMÅGA	MUSKLER
CYKLING	NÄRING
KROPP	MÅL
DANS	BEN
KOST	PROGRAM
SPORT	UTHÅLLIGHET
STYRKA	HÄLSA
JOGGNING	TRÄNARE
MAXIMERA	

46 - Frutas

```
Ä  L  A  P  B  D  H  M  H  P  R  J  O  H
P  S  W  C  F  N  A  N  A  B  U  W  D  Y
P  F  S  R  Ä  B  L  F  Z  N  O  R  Ä  P
L  G  O  Ä  A  U  L  B  J  E  G  S  P  W
E  U  W  B  G  S  O  K  O  K  U  O  G  N
D  H  D  S  M  K  N  I  R  A  T  K  E  N
B  J  Ö  R  N  B  Ä  R  W  N  N  I  A  O
Z  A  X  Ö  F  A  U  S  O  I  O  R  N  R
M  U  A  K  T  Z  Z  D  L  S  K  P  A  T
F  I  K  O  N  L  J  D  G  L  D  A  N  I
O  W  A  V  O  K  A  D  O  E  U  U  A  C
G  F  A  N  T  M  D  D  H  P  J  I  S  E
D  R  U  V  A  L  Y  F  S  A  V  D  I  N
P  E  R  S  I  K  A  Y  A  P  A  P  J  R
```

AVOKADO	KIWI
ANANAS	APELSIN
BJÖRNBÄR	CITRON
BÄR	ÄPPLE
BANAN	PAPAYA
KÖRSBÄR	MANGO
KOKOS	NEKTARIN
APRIKOS	PÄRON
FIKON	PERSIKA
HALLON	DRUVA

47 - Corpo Humano

```
B  A  C  J  F  L  X  V  D  A  J  C  K  P
N  U  K  U  I  D  C  F  N  Ä  S  A  Ä  L
C  C  S  N  N  E  B  V  H  N  T  R  K  O
B  N  C  W  G  C  P  K  J  K  Ö  Ö  E  D
A  F  X  C  E  J  V  S  Ä  Y  K  G  O  N
F  H  A  G  R  G  J  X  R  I  L  G  A  D
R  G  U  Y  D  S  Å  T  T  H  H  A  N  D
H  I  O  V  D  O  L  B  A  U  J  W  H  E
W  P  M  A  U  V  E  H  M  D  L  A  J  L
X  R  B  N  D  D  X  A  S  R  U  R  Ä  T
O  C  L  N  U  S  A  L  Y  H  A  T  R  O
P  A  N  N  A  F  B  S  M  L  K  L  N  F
B  G  U  T  P  O  N  C  B  N  A  D  A  V
I  U  M  Z  X  K  Y  M  J  T  H  M  E  H
```

MUN	ÖGA
HUVUD	AXEL
HJÄRNA	ÖRA
HJÄRTA	HUD
ARMBÅGE	BEN
FINGER	HALS
KNÄ	HAKA
KÄKE	BLOD
HAND	PANNA
NÄSA	FOTLED

48 - Caminhada

```
S  K  P  P  J  G  L  L  X  G  D  W  K  B
V  O  I  A  O  H  U  H  C  N  S  B  L  H
Ä  U  L  R  E  K  S  I  R  I  T  R  I  F
D  C  T  K  V  I  L  D  D  R  H  J  M  Ö
E  A  H  E  M  E  R  A  N  E  T  S  A  R
R  M  C  R  W  R  A  P  E  T  W  B  T  B
O  P  K  U  X  K  L  P  M  N  R  E  L  E
H  I  X  T  J  E  V  I  I  E  N  L  T  R
V  N  T  A  E  I  Ö  L  V  I  V  T  U  E
A  G  D  N  A  N  T  K  I  R  D  R  N  D
T  S  J  E  P  R  S  B  F  O  D  Ö  G  E
T  D  U  H  V  T  B  G  E  N  D  T  G  L
E  A  R  S  G  W  E  O  D  R  N  T  Z  S
N  D  V  J  K  A  R  T  A  M  G  A  U  E
```

CAMPING	ORIENTERING
DJUR	PARKER
VATTEN	STENAR
STÖVLAR	KLIPPA
TRÖTT	RISKER
KLIMAT	TUNG
GUIDE	FÖRBEREDELSE
KARTA	VILD
BERG	SOL
NATUR	VÄDER

49 - Beleza

```
V  J  P  T  J  Ä  N  S  T  E  R  V  K  K
F  B  R  S  E  L  E  G  A  N  T  T  W  O
O  P  O  L  O  C  K  A  R  S  S  P  Z  S
T  H  D  O  L  J  O  R  A  K  I  J  K  M
O  D  U  H  W  O  J  C  C  V  L  C  G  E
G  V  K  S  H  D  G  J  S  M  Y  E  H  T
E  A  T  N  P  K  I  E  A  G  T  B  O  I
N  N  E  A  I  E  P  G  M  D  S  A  X  K
I  G  R  G  J  M  G  R  Ä  F  N  Å  D  A
S  D  X  E  R  R  S  E  D  O  F  T  G  C
K  T  K  L  Z  A  U  L  L  V  Y  P  A  S
V  V  N  E  B  H  T  T  P  Y  P  X  P  N
O  P  M  A  H  C  S  V  G  G  U  L  X  L
L  Ä  P  P  S  T  I  F  T  F  F  K  W  R
```

LÄPPSTIFT	DOFT
LOCKAR	NÅD
CHARM	SMINK
FÄRG	OLJOR
KOSMETIKA	HUD
ELEGANT	PRODUKTER
ELEGANS	MASCARA
SPEGEL	TJÄNSTER
STYLIST	SAX
FOTOGENISK	SCHAMPO

50 - Água

```
P  B  C  B  Y  F  G  M  H  C  S  U  D  N
T  U  J  I  A  N  U  G  L  A  N  A  K  S
A  K  R  V  J  Z  U  K  E  U  V  Ö  D  N
G  O  O  N  O  F  V  T  O  N  V  R  Ö
A  V  D  U  N  S  T  N  I  N  G  E  I  J
F  O  N  O  H  D  O  M  F  U  E  R  C  S
L  D  R  O  R  K  A  N  F  S  R  S  K  J
O  F  Y  A  A  E  I  E  S  N  O  V  B  N
D  V  Å  G  O  R  S  I  P  O  G  Ä  A  H
H  G  M  N  I  F  Z  J  F  M  B  M  R  V
D  P  C  Å  A  L  H  H  E  B  X  N  I  G
F  R  O  S  T  N  F  T  U  G  Y  I  O  E
B  E  V  A  T  T  N  I  N  G  D  N  U  U
U  G  P  Y  C  K  C  L  B  L  Y  G  J  G
```

KANAL	SJÖ
REGN	MONSUN
DUSCH	SNÖ
AVDUNSTNING	HAV
ORKAN	VÅGOR
FROST	DRICKBAR
IS	FLOD
GEJSER	FUKT
ÖVERSVÄMNING	ÅNGA
BEVATTNING	

51 - Filantropia

```
B  K  W  Ä  R  L  I  G  H  E  T  B  U  Z
U  E  O  G  L  O  B  A  L  X  C  C  B  P
G  T  H  N  U  P  P  D  R  A  G  H  J  X
E  M  M  Ö  T  D  Y  X  B  V  U  M  M  V
M  Ä  V  A  V  A  Z  M  A  R  G  O  R  P
E  N  O  E  N  E  K  G  R  G  H  D  G  Y
N  N  M  P  P  I  R  T  N  U  I  G  R  U
S  I  E  D  O  Y  N  N  E  K  S  N  U  Z
K  S  D  V  T  K  N  G  G  R  T  U  P  J
A  K  E  Z  Z  Y  E  L  A  B  O  T  P  C
P  O  L  W  C  Y  A  D  V  R  R  R  E  N
D  R  Å  Z  Z  Z  X  H  W  Z  I  Z  R  I
X  Z  M  W  J  E  U  O  S  N  A  N  I  F
M  Ä  N  S  K  L  I  G  H  E  T  E  N  V
```

GEMENSKAP	ÄRLIGHET
KONTAKTER	MÄNSKLIGHETEN
BARN	UNGDOM
UTMANINGAR	UPPDRAG
FINANS	BEHÖVER
MEDEL	MÅL
GLOBAL	MÄNNISKOR
GRUPPER	PROGRAM
HISTORIA	

52 - Ecologia

```
L A W Z R R Ä K Z R U P L N
M G U H U G L O B A L Z A A
E N O I T A T E G E V O I T
K E M G A V Ä X T E R Z V U
F L O E N I R A M Ä N G D R
A L I B D T A R D U L O L L
U Ä Y M O E B O I L I N A I
N H T M A P L L Z N V N F G
A M J B Z T L F M S S B G M
R A C R M E Å Z R Z M E N B
G S K H X M H X G I I R Å B
Ö V E R L E V N A D L G M Z
S D L K O B E S T U J N N B
W Y V G L T M P R L Ö X L B
```

KLIMAT	NATUR
SAMHÄLLEN	KÄRR
MÅNGFALD	VÄXTER
FAUNA	MEDEL
FLORA	TORKA
GLOBAL	ÖVERLEVNAD
LIVSMILJÖ	HÅLLBAR
MARIN	MÄNGD
BERG	VEGETATION
NATURLIG	

53 - Família

```
F  A  R  B  R  O  R  S  Y  S  T  E  R  H
F  A  D  E  R  L  I  G  B  O  Y  T  D  T
B  A  R  N  B  A  R  N  Y  B  F  Z  O  Y
M  H  X  K  O  C  E  O  Z  U  K  E  F  B
M  O  R  U  U  W  T  E  R  E  T  S  O  M
O  A  R  S  X  G  T  D  S  B  M  P  C  O
C  G  P  I  B  R  O  R  S  O  N  G  E  J
L  S  F  N  R  A  D  S  U  N  K  C  O  X
M  O  D  E  R  N  S  F  M  A  K  E  A  H
R  C  F  B  S  X  T  A  B  J  U  H  C  P
E  D  A  A  D  H  B  R  M  O  R  M  O  R
G  B  R  R  E  D  A  F  R  Ö  F  O  G  W
F  X  E  N  D  E  V  A  E  H  N  C  O  G
B  A  R  N  D  O  M  R  M  O  P  A  X  H
```

FÖRFADER	MODERNS
MORMOR	MOR
FARFAR	BARNBARN
BARN	FAR
FRU	FADERLIG
DOTTER	KUSIN
BARNDOM	BRORSON
SYSTER	MOSTER
BROR	FARBROR
MAKE	

54 - Férias #2

```
U  A  A  L  G  T  U  L  H  O  T  E  L  L
T  T  R  E  S  T  A  U  R  A  N  G  V  R
U  R  L  M  T  S  H  I  S  N  Y  Ö  I  E
V  A  V  Ä  R  D  D  R  D  H  E  M  S  S
U  K  H  W  N  O  T  O  F  N  L  W  U  E
N  O  I  T  A  N  I  T  S  E  D  M  M  R
T  A  X  I  U  C  I  G  T  X  L  N  S  V
H  F  G  X  N  A  I  N  P  E  B  Y  B  A
A  R  R  T  Ä  L  T  D  G  W  K  M  F  T
V  S  E  I  T  R  A  N  S  P  O  R  T  I
T  Z  B  S  T  A  L  P  G  Y  L  F  X  O
D  U  S  S  A  I  X  Z  R  S  V  P  P  N
Z  O  M  A  H  K  D  N  A  R  T  S  W  E
B  K  D  P  S  E  M  E  S  T  E  R  P  R
```

FLYGPLATS	PASS
DESTINATION	STRAND
UTLÄNNING	RESERVATIONER
SEMESTER	RESTAURANG
FOTON	TAXI
HOTELL	TÄLT
FRITID	TRANSPORT
KARTA	RESA
HAV	VISUM
BERG	

55 - Edifícios

```
Z G V G F B K Z F M R B I O
T Å Y L T Y S A A A L O K S
J R I W A F A L D U B K G Z
M D N J H U M U O T J R Y U
H A J Y R Ä F F A T A M I Z
O S Z A C R E T A E T U M K
T S F A T S G W N H L E C B
E A S J U K H U S N Ä S U Y
L B L S D M T F E E T U Z J
L M S T A D I O N G F M T N
M A U C T Y G K R Ä A T B A
C D R G X B Z J O L I R D S
A L A D A V K P T M R U A M
O B S E R V A T O R I U M G
```

LÄGENHET	GARAGE
SLOTT	SJUKHUS
LADA	HOTELL
BIO	MUSEUM
AMBASSAD	OBSERVATORIUM
SKOLA	MATAFFÄR
STADION	TEATER
GÅRD	TÄLT
FABRIK	TORN

56 - Aventura

```
U T M A N I N G A R S N V J
A K T I V I T E T D K A Ä O
S V Å R I G H E T C J T N V
G U T E T G X O R T L U N A
N O I T A N I T S E D R E N
I N G G Y X M V G H S H R L
R R Y L V Y B J U G N V J I
E Y S U Ä P G T M I A G Ä G
G C K T M D A T W L H O W G
I P Ö F X Z J L F J C O X P
V P N L O H H E G Ö N T D L
A P H Y D Y K E X M B M S N
N G E K F A R L I G T Y O P
G R T T E H R E K Ä S V F C
```

GLÄDJE   OVANLIG
VÄNNER   RESVÄG
AKTIVITET   NATUR
SKÖNHET   NAVIGERING
CHANS   NY
UTMANINGAR   MÖJLIGHET
DESTINATION   FARLIG
SVÅRIGHET   SÄKERHET
UTFLYKT

57 - Floresta Tropical

```
O K D T T G E M E N S K A P
B E L R E I B I F M A K I T
R D A N V E L R E V Ö L N E
E I F L S D C L O V W I H Z
S N G O D J X B F G T M E D
T S N M H U R O I L U A M Ä
A E Å J K N A E N I Y T S G
U K M I Y G L M S W H K K G
R T A R T E G O F P T I T D
E E J P U L Å S B N E N G J
R R H K O T F S A Z C K H U
I B O A Y P A A Z W J V T R
N Z M A P E D N A R A V E B
G B O T A N I S K K W P F J
```

AMFIBIER
BOTANISK
KLIMAT
GEMENSKAP
MÅNGFALD
ART
INHEMSK
INSEKTER
DÄGGDJUR
MOSSA

NATUR
MOLN
FÅGLAR
BEVARANDE
TILLFLYKT
RESPEKT
RESTAURERING
DJUNGEL
ÖVERLEVNAD

58 - Cidade

```
M E W W R A M L X G O U S F
T U G I B P A J V K R M J L
E K S R K D R I R E G A B Y
A L M E F K H P T C L J G
T I Z L U J N S M O K O K P
E N T L R M A L A I E K K L
R I R A Ä T D I B L T S H A
I K T G F K D L T B O O Z T
S K R P F L L N L I P N M S
B O K H A N D E L B A K G Y
O I N N T Z B N E T R K H H
M B G N A R U A T S E R K C
C K M S M B E N O I D A T S
Z R E L Z G J E H M F K L B
```

FLYGPLATS   ZOO
BANK   BOKHANDEL
BIBLIOTEK   MARKNAD
BIO   MUSEUM
KLINIK   BAGERI
SKOLA   RESTAURANG
STADION   SALONG
APOTEK   MATAFFÄR
GALLERI   TEATER
HOTELL

59 - Música

```
I N S T R U M E N T R Y T M
B D N P K J I H A R M O N I
A A O D A V M O O R W T L L
K L L L R R P B P P B E K Y
K M B L E B R M H P G M S R
L I H U A M O S D V N P I I
A K W A M D V K D S I O L S
S R C D H R I S J U N G A K
S O L Z W V S I B L L N K T
I F W N K I E T O L E Å I V
S O B N R A R E P O P S S G
K N A C Y A A O D V S A U X
V K Ö R O E Y P J T N D M W
S Å N G A R E R E K I S U M
```

ALBUM	LYRISK
BALLAD	MELODI
SJUNGA	MIKROFON
SÅNGARE	MUSIKALISK
KLASSISK	MUSIKER
KÖR	OPERA
INSPELNING	POETISK
HARMONI	RYTM
IMPROVISERA	TEMPO
INSTRUMENT	SÅNG

60 - Matemática

```
T M D V A R I T M E T I S K
M O V V I G O P O L Y G O N
L U R P R N O I T A V K E S
K R N G I Z K H W T V G C Y
D E C I M A L L R M L Y P M
R T E N E D L R A A C P O M
E E X O B Z E H R R D R B E
K M P I O Y L E G N A I R T
T A O T Ä R L E K N I V E R
A I N K N X A M M U S X E I
N D E A U B R O M K R E T S
G N N R S T A V O L Y M I V
E A T F J I P O K B L F W Z
L G E O M E T R I L W H P A
```

ARITMETISK	PARALLELL
VINKLAR	VINKELRÄT
OMKRETS	POLYGON
DECIMAL	TORG
DIAMETER	RADIE
EKVATION	REKTANGEL
EXPONENT	SYMMETRI
FRAKTION	SUMMA
GEOMETRI	TRIANGEL
TAL	VOLYM

61 - Saúde e Bem Estar #1

```
A  B  Z  U  G  B  H  N  E  R  V  E  R  T
K  V  E  F  K  E  Ö  G  J  J  V  F  G  Z
T  K  R  H  B  N  J  T  R  Y  U  P  R  R
I  R  Z  A  A  A  D  K  U  I  T  B  Z  E
V  K  G  H  M  N  K  I  N  I  L  K  F  F
H  U  N  G  E  R  D  T  K  J  B  A  X  L
A  F  I  Z  S  X  W  L  E  H  E  Y  M  E
P  R  N  U  E  G  B  T  I  R  K  R  E  X
O  A  L  N  H  P  R  H  P  N  I  K  D  T
T  K  L  V  O  Y  M  U  A  A  G  E  I  U
E  T  Å  T  A  I  I  D  R  P  W  B  C  G
K  U  H  G  K  N  Y  J  E  S  H  G  I  O
E  R  A  K  Ä  L  A  I  T  W  Z  B  N  A
A  V  K  O  P  P  L  I  N  G  U  A  K  Y
```

HÖJD	MEDICIN
AKTIV	NERVER
BAKTERIE	BEN
KLINIK	HUD
LÄKARE	HÅLLNING
APOTEK	REFLEX
HUNGER	AVKOPPLING
FRAKTUR	TERAPI
VANA	BEHANDLING

62 - Natureza

```
F T A K Y J Z L D S Y O C J
R R U J D U E U I E M I S U
E O R N A D G O K S O F W
D P F I M M N N I B T E L S
L I K S I M A N Y D V P J N
I S O H V I R G E Z S D W A
G K F L O D Ö L K K S G A R
S Z O Z L L G A R X Ö S R K
T K A M M I V C S K Y D D T
O A Ö G O V A I R U P A B I
G D W N P W C Ä D K U G U S
I S K U H E K R E V V Ö L K
F F P W J E E R O S I O N C
J R V G Y I T F R I S T A D
```

BIN	GLACIÄR
SKYDD	DIMMA
DJUR	MOLN
ARKTISK	FREDLIG
SKÖNHET	FLOD
ÖKEN	FRISTAD
DYNAMISK	VILD
EROSION	LUGN
SKOG	TROPISK
LÖVVERK	AVGÖRANDE

63 - A Empresa

```
A  P  R  E  S  E  N  T  A  T  I  O  N  P
L  U  C  P  R  M  Ö  J  L  I  G  H  E  T
I  F  R  A  M  S  T  E  G  X  G  U  B  I
F  N  I  N  N  O  V  A  T  I  V  T  S  L
Ö  L  V  V  S  F  Z  T  U  L  S  E  B  C
R  L  L  E  N  O  I  S  S  E  F  O  R  P
E  A  I  W  S  F  K  Y  L  D  R  L  J  T
T  B  I  N  L  T  R  R  W  E  T  K  Y  R
A  O  N  U  D  K  E  U  E  M  W  E  E  E
G  L  K  J  R  U  K  R  G  A  Z  Z  D  N
Y  G  O  O  G  D  S  W  I  G  T  F  W  D
X  B  M  M  B  O  I  T  T  N  X  I  G  E
Y  G  S  G  W  R  R  N  R  S  G  F  V  R
O  X  T  F  A  P  T  E  T  I  L  A  V  K
```

PRESENTATION	PRODUKT
KREATIV	PROFESSIONELL
BESLUT	FRAMSTEG
GLOBAL	KVALITET
INDUSTRI	INKOMST
INNOVATIVT	MEDEL
INVESTERING	RYKTE
FÖRETAG	RISKER
MÖJLIGHET	TRENDER

64 - Aviões

```
H  B  P  A  S  S  A  G  E  R  A  R  E  C
I  L  G  C  A  R  E  G  I  V  A  N  O  I
S  Å  N  O  I  T  K  U  R  T  S  N  O  K
T  S  O  Z  P  H  M  P  I  L  O  T  M  T
O  A  L  Z  S  E  Ö  O  V  K  V  I  O  U
R  U  L  W  Z  X  I  J  S  U  J  U  T  R
I  P  A  H  U  E  R  S  D  F  I  R  O  B
A  P  B  I  T  S  M  O  K  R  Ä  H  R  U
B  E  S  Ä  T  T  N  I  N  G  T  R  F  L
Ä  V  E  N  T  Y  R  S  L  U  F  T  V  E
D  T  V  R  I  K  T  N  I  N  G  D  Z  N
K  P  L  Ä  L  A  N  D  N  I  N  G  I  S
I  M  T  S  T  B  R  Ä  N  S  L  E  R  Y
L  E  L  X  L  E  M  M  I  H  T  A  J  F
```

HÖJD	RIKTNING
LUFT	VÄTE
LANDNING	HISTORIA
ATMOSFÄR	BLÅSA UPP
ÄVENTYR	MOTOR
BALLONG	NAVIGERA
HIMMEL	PASSAGERARE
BRÄNSLE	PILOT
KONSTRUKTION	BESÄTTNING
HÄRKOMST	TURBULENS

65 - Tipos de Cabelo

```
Z  L  F  Ä  R  G  A  D  O  P  D  E  R  R
U  Å  R  G  M  I  G  I  L  L  A  K  S  L
C  N  G  J  O  G  L  P  O  F  T  C  L  Z
N  G  F  P  J  Å  U  S  C  B  Ä  N  O  I
U  G  A  L  Z  V  E  Z  K  T  L  V  C  J
D  F  G  L  Ä  A  K  S  I  R  F  E  K  R
O  J  R  E  D  T  I  O  G  A  V  D  A  J
Y  M  B  T  N  E  O  O  T  V  N  N  R  O
S  I  V  L  O  U  P  R  I  S  F  A  G  C
I  B  A  H  L  D  A  T  V  J  E  N  F  R
L  F  S  C  B  F  R  R  Y  E  N  I  Y  I
V  P  X  W  V  R  O  R  M  J  U  K  Z  G
E  G  O  U  I  I  U  P  O  E  H  S  T  M
R  F  J  O  D  H  N  N  U  T  J  O  C  K
```

VIT	LÅNG
SKINANDE	BRUN
LOCKAR	VÅGIG
SKALLIG	SILVER
GRÅ	SVART
FÄRGAD	FRISKA
LOCKIGT	TORR
TUNN	MJUK
TJOCK	FLÄTAD
BLOND	FLÄTOR

66 - Formas

```
A  C  V  I  L  T  L  J  W  Y  T  N  S  L
M  C  D  Z  M  G  K  L  X  A  R  G  A  I
S  P  I  L  L  E  U  U  M  T  I  S  K  N
I  A  U  R  U  P  R  A  M  U  A  V  L  J
R  Y  X  F  K  I  V  X  M  Y  N  V  E  E
P  O  V  Y  M  E  A  D  I  S  G  A  G  N
P  C  Y  R  X  L  L  A  V  O  E  I  N  W
C  Y  L  I  N  D  E  R  K  W  L  K  A  P
H  T  S  F  O  I  G  B  T  S  X  Z  T  O
Ö  O  L  X  K  M  Å  U  R  K  F  O  K  L
R  R  P  K  R  A  B  K  O  E  H  Ä  E  Y
N  G  W  J  D  R  U  K  T  E  P  C  R  G
A  L  R  S  G  Y  S  R  L  E  U  Y  X  O
D  S  C  E  K  P  C  I  P  U  D  L  H  N
```

BÅGE	SIDA
HÖRN	LINJE
CYLINDER	OVAL
CIRKEL	PYRAMID
KON	POLYGON
KUB	PRISMA
KURVA	TORG
ELLIPS	REKTANGEL
SFÄR	TRIANGEL
HYPERBEL	

67 - Dias e Meses

```
N D A N Å M S G E F V L Y C
R O E A M A S R G A D E R F
A O V C B G J N A D F B R S
U K S E E I G A D S R O T U
G T E G M M X Y N V E C K A
U O P H A B B P Ö U G A W L
S B T M U G E E S Z A I Z N
T E E J U L I R R R D R L K
I R M H S P N Å N F R A I K
X J B N I G U W S U Ö U R W
C N E V P J J N C I L R P A
M P R E D N E L A K M B A F
M Å N D A G A D S I T E C R
G I I F Z W U R U U K F O F
```

APRIL	MÅNAD
AUGUSTI	NOVEMBER
ÅR	OKTOBER
KALENDER	TORSDAG
DECEMBER	LÖRDAG
SÖNDAG	MÅNDAG
FEBRUARI	VECKA
JANUARI	SEPTEMBER
JULI	FREDAG
JUNI	TISDAG

68 - Saúde e Bem Estar #2

```
M A S H P Z B C P Z H K W V
A P I I A O E L P I U Z Å I
S T K M K D M H O I M S T K
S I V O S E U Y R D Ö J E T
A T I T S N I G K I R U R I
G M G A K T D I V V N K H N
E N R N C S E E D N E D Ä F
C S E A V B J N H E H O M E
G E N E T I K U A D B M T K
L O E W D Z D O K S O O N T
A L L E R G I I S H V U I I
W X H K A L O R I U U W N O
V I T A M I N F R G W S G N
Z G L P K S A Y F J S X F G
```

ALLERGI
ANATOMI
APTIT
KALORI
KROPP
KOST
SJUKDOM
ENERGI
GENETIK
HYGIEN

SJUKHUS
HUMÖR
INFEKTION
MASSAGE
VIKT
ÅTERHÄMTNING
BLOD
FRISKA
VITAMIN

69 - Geografia

```
O  M  E  R  I  D  I  A  N  N  J  O  A  G
C  A  E  L  C  S  T  G  K  F  I  V  U  P
S  R  D  H  N  X  T  O  J  T  L  C  K  V
Z  A  Å  Y  B  Ö  S  A  B  E  D  O  K  Ä
B  E  R  G  L  H  A  V  D  R  H  K  D  S
G  A  M  O  I  M  L  H  U  R  Ö  M  A  T
I  U  O  D  M  H  T  P  T  I  J  E  R  T
L  K  A  R  T  A  A  M  I  T  D  S  G  V
K  A  E  A  Y  S  W  D  G  O  W  Ö  D  H
E  T  N  W  S  S  P  G  N  R  T  D  D  O
U  S  G  D  V  W  K  B  O  I  Z  E  E  V
N  O  R  R  Z  D  S  U  L  U  U  R  R  N
K  O  N  T  I  N  E  N  T  M  H  R  B  X
H  A  L  V  K  L  O  T  V  Ä  R  L  D  F
```

HÖJD	BERG
ATLAS	VÄRLD
STAD	NORR
KONTINENT	VÄST
HALVKLOT	LAND
BREDDGRAD	OMRÅDE
LONGITUD	FLOD
KARTA	SÖDER
HAV	TERRITORIUM
MERIDIAN	

70 - Antártica

```
V D A P H O V V K O Z B G I
C N K P S J U I A T P Z A L
T N E N I T N O K T D R E V
W G I L P A K S N E T E V L
X E D R U T A R E P M E T X
G D Ö E P F Z V O W C V N I
P N J W E N O I T A R G I M
H A L V Ö A G R A L A V K G
Y R I G I N E T S I Ö Z F E
W A M C D P O K S K X U C X
X V G E O G R A F I A C X V
R E L A R E N I M J N R G W
U B E X P E D I T I O N E X
V O L G L A C I Ä R E R B P
```

MILJÖ	IS
VATTEN	GEOGRAFI
VIK	ÖAR
VALAR	FORSKARE
VETENSKAPLIG	MIGRATION
BEVARANDE	MINERALER
KONTINENT	HALVÖ
EXPEDITION	STENIG
GLACIÄRER	TEMPERATUR

71 - Flores

```
B G J K R O N B L A D W T P
U A A V L A V E N D E L U Å
K R S F A I R E M U L P S S
E D M U J L A S A C J J E K
T E I Y K Z L F R H C Z N L
T N N S O S M M E M É H S I
T I M N N J I P O T D U K L
U A A M M O L B G N I R Ö J
L R S P I O N R I R K E N A
P M K K E E U D V H R V A J
A W R X X R Y F A G O Ö L L
N F O F H L M A A U R L I I
R C S O R L O S P M C K L L
Z M A G N O L I A R M M G L
```

BUKETT
RINGBLOMMA
MASKROS
GARDENIA
SOLROS
HIBISKUS
JASMIN
LAVENDEL
LILA
LILJA

MAGNOLIA
TUSENSKÖNA
PÅSKLILJA
ORKIDÉ
VALLMO
PION
KRONBLAD
PLUMERIA
KLÖVER
TULPAN

72 - Fazenda #1

```
H  H  H  W  G  R  K  A  K  C  O  L  F  K
M  O  D  P  E  Z  Y  A  A  K  Å  R  K  S
V  W  N  K  X  N  C  H  T  L  Ä  F  B  T
P  O  U  U  R  P  K  Ö  T  B  N  O  O  J
H  D  H  C  N  R  L  U  P  C  S  K  C  U
F  S  V  J  K  G  I  B  G  Å  S  N  A  T
V  H  Ä  S  T  A  N  H  G  G  I  I  R  O
L  A  M  J  E  J  G  K  Ö  F  R  B  R  K
A  E  T  M  K  U  R  B  D  R  O  J  G  G
K  S  U  T  E  K  A  T  S  B  B  S  E  O
U  B  R  U  E  I  Y  R  E  J  S  B  T  M
K  O  C  M  J  N  C  M  L  K  J  W  B  S
F  V  Z  P  V  S  P  A  P  K  P  X  M  V
U  Z  L  L  N  C  R  I  N  P  G  J  R  A
```

BI	STAKET
JORDBRUK	KRÅKA
RIS	HÖ
VATTEN	GÖDSEL
KALV	KYCKLING
ÅSNA	KATT
GET	HONUNG
FÄLT	GRIS
HÄST	FLOCK
HUND	KO

73 - Livros

```
P  C  B  D  U  A  L  I  T  E  T  S  F  L
L  W  T  B  E  U  D  L  P  R  N  K  Ö  I
H  I  S  T  O  R  I  S  K  P  A  R  R  T
D  S  V  G  B  N  A  M  O  R  V  I  F  T
I  E  D  N  V  E  K  S  I  P  E  V  A  E
K  O  Y  Z  G  G  R  D  Ä  A  L  S  T  R
T  P  V  W  B  X  S  Ä  M  L  E  A  T  Ä
S  D  M  C  J  Y  I  U  T  L  R  X  A  R
X  A  C  N  Y  I  D  U  U  T  A  P  R  U
S  R  M  H  C  N  A  Y  X  P  A  P  E  Y
J  L  H  L  A  N  R  Ä  T  K  A  R  A  K
X  D  D  N  I  T  R  A  G  I  S  K  E  K
B  G  N  O  G  N  A  H  N  A  M  M  A  S
L  D  Z  H  K  C  G  Ä  V  E  N  T  Y  R
```

FÖRFATTARE	BERÄTTARE
ÄVENTYR	SIDA
SAMLING	KARAKTÄR
SAMMANHANG	DIKT
DUALITET	POESI
SKRIVS	RELEVANT
EPISK	ROMAN
HISTORISK	RAD
LÄSARE	TRAGISK
LITTERÄR	

74 - Governo

```
J  C  X  J  J  X  T  L  M  D  R  D  T  K
O  Ä  F  X  N  L  A  B  A  S  G  L  S  O
B  N  M  P  N  A  L  J  C  G  O  V  L  N
E  A  P  L  O  D  I  S  T  R  I  K  T  S
R  T  O  G  I  L  S  T  T  Ä  R  F  I  T
O  I  L  N  S  K  A  L  O  S  T  A  T  I
E  O  I  A  S  O  H  P  U  Z  E  S  A  T
N  N  T  T  U  L  N  E  I  I  H  I  R  U
D  E  I  I  K  K  E  L  T  N  I  V  K  T
E  L  K  O  S  H  G  D  X  K  R  T  O  I
M  L  C  N  I  J  Z  L  A  X  F  T  M  O
R  U  C  P  D  N  D  F  W  R  D  Ä  E  N
M  O  N  U  M  E  N  T  E  L  E  R  D  D
O  O  C  I  V  I  L  S  Y  M  B  O  L  P
```

CIVIL	RÄTTVISA
KONSTITUTION	LAG
DEMOKRATI	FRIHET
TAL	LEDARE
DISKUSSION	MONUMENT
DISTRIKT	NATIONELL
STAT	NATION
JÄMLIKHET	POLITIK
OBEROENDE	SYMBOL
RÄTTSLIG	

75 - Jardinagem

```
M  E  R  A  L  L  Å  H  E  B  X  X  D  A
Ä  A  P  W  M  U  Ö  B  Z  L  D  S  P  F
J  T  T  E  K  U  B  V  H  A  C  L  B  G
K  S  L  L  Z  B  S  E  V  D  J  C  O  T
L  O  V  I  G  M  L  O  C  E  E  X  T  K
J  P  A  O  G  A  X  O  A  N  R  N  A  U
O  M  T  B  N  D  T  A  M  I  L  K  N  F
R  O  T  R  A  I  Y  I  M  M  K  C  I  R
D  K  E  W  L  K  O  O  O  X  I  X  S  Ö
X  R  N  E  S  V  Y  Z  L  O  C  G  K  N
T  M  X  H  T  Y  L  P  B  B  D  S  X  I
Y  W  Y  Y  U  E  X  O  T  I  S  K  O  O
H  W  O  V  M  X  L  R  Z  N  J  F  S  T
Y  S  T  F  S  E  M  G  C  G  Z  C  H  E
```

VATTEN	BLOMMIG
BOTANISK	BLAD
BUKETT	LÖVVERK
KLIMAT	SLANG
ÄTLIG	BEHÅLLARE
KOMPOST	FRÖN
ART	JORD
EXOTISK	SMUTS
BLOMMA	FUKT

76 - Profissões #2

```
K L S E R A N N I F P P U G
M Ä E R A K S R O F D Z M W
F R V I T K E T E D D J X V
O A B I O L O G R B O N D E
T R V L M D Y C A O T C D O
O E S D I G D C K U N P E N
G Z O O L O G X Ä H F A L H
R F I L O S O F L S V D U E
A T A N D L Ä K A R E S Z T
F P I N G E N J Ö R G B C Y
M A I L L U S T R A T Ö R
S J P L K I R U R G N T X M
A X I I O G K V M Å L A R E
V D H P L T L I N G V I S T
```

BONDE	ILLUSTRATÖR
ASTRONAUT	UPPFINNARE
BIOLOG	FORSKARE
KIRURG	LINGVIST
TANDLÄKARE	LÄKARE
DETEKTIV	PILOT
INGENJÖR	MÅLARE
FILOSOF	LÄRARE
FOTOGRAF	ZOOLOG

77 - Café

```
P  P  O  K  H  F  F  F  C  C  P  A  B  V
N  R  E  K  C  O  S  I  K  Z  E  R  I  K
J  H  I  S  V  A  R  T  L  D  B  E  T  O
P  A  K  S  T  Ä  V  N  Ö  T  G  S  T  F
G  R  Ä  D  D  E  V  Y  J  S  E  Y  E  F
U  A  K  G  A  K  K  O  M  U  X  R  R  E
R  R  P  N  A  T  V  A  T  T  E  N  O  I
S  O  C  Ä  R  V  S  D  P  O  D  S  M  N
P  M  U  M  Y  D  N  O  G  R  O  M  F  M
R  Y  N  S  M  A  K  C  R  A  J  I  B  P
U  B  K  P  E  P  C  C  Z  G  S  K  X  G
N  Z  E  K  D  I  Y  L  A  S  Y  W  X  T
G  L  N  G  J  L  R  V  G  D  X  F  X  K
Y  J  T  E  T  S  D  H  S  V  J  O  K  I
```

SOCKER	MJÖLK
BITTER	VÄTSKA
AROM	MORGON
ROSTAD	SLIPA
VATTEN	URSPRUNG
DRYCK	PRIS
KOFFEIN	SVART
KOPP	SMAK
GRÄDDE	MÄNGD
FILTER	

78 - Negócios

```
P  F  K  S  K  A  T  T  E  R  T  G  V  V
E  Ö  O  S  C  V  V  H  X  T  C  E  A  E
N  R  N  N  R  U  I  A  V  F  I  A  Y  K
G  E  T  E  G  D  U  B  L  I  C  Y  J  O
A  T  O  B  U  T  I  K  X  U  N  U  K  N
R  A  R  Ä  I  R  R  A  K  K  T  S  Y  O
F  G  A  P  K  O  B  X  W  R  G  A  T  M
Z  A  J  W  R  R  I  N  K  O  M  S  T  I
K  S  B  T  T  A  B  A  R  M  X  A  P  H
O  W  E  R  A  V  I  G  S  T  E  B  R  A
S  N  A  N  I  F  A  N  S  T  Ä  L  L  D
T  D  U  N  P  K  H  I  U  U  H  R  P  J
A  I  N  V  E  S  T  E  R  I  N  G  E  I
F  Ö  R  S  Ä  L  J  N  I  N  G  F  X  O
```

KARRIÄR	FINANS
KOSTA	SKATTER
RABATT	INVESTERING
PENGAR	BUTIK
EKONOMI	VINST
ANSTÄLLD	VAROR
ARBETSGIVARE	VALUTA
FÖRETAG	BUDGET
KONTOR	INKOMST
FABRIK	FÖRSÄLJNING

79 - Fazenda #2

```
U Y N E O D X R S B N A Z F
D C C F L N G O T W M N M R
F J I J Å C S T K U R F A U
Y J T G O R L K L Ö J M J K
B O N D E U C A D A L G S T
E N W S D J I R M E C R E T
Ä Z T N Y D U T L M H Ö F R
G N I N T T A V E B E N O Ä
M V G R Y N R M T M R S F D
K L K O C M L Z E O D A M G
S A V K C A Y L V G E K U Å
Y M Z O K I L L O E U R Z R
C A B I K U P A K N A Z O D
C X Y J K P H R Y Z F C L H
```

BONDE	MOGEN
DJUR	MAJS
LADA	FÅR
KORN	HERDE
BIKUPA	ANKA
LAMM	FRUKTTRÄDGÅRD
FRUKT	ÄNG
BEVATTNING	TRAKTOR
MJÖLK	VETE
LAMA	GRÖNSAK

80 - Jardim

```
E  F  T  B  S  T  N  T  B  U  X  P  U  E
T  K  R  U  T  T  S  L  E  F  F  Y  K  S
B  J  Ä  S  R  F  A  R  U  R  N  F  O  Z
Ä  O  D  K  A  W  G  K  F  K  R  Y  X  F
N  R  G  E  M  V  A  G  E  G  N  A  L  S
K  D  Å  U  P  V  B  A  E  T  I  S  S  Y
R  N  R  A  O  E  B  R  L  T  V  F  Ä  S
L  J  D  E  L  R  K  A  D  U  X  Ä  R  M
H  V  B  K  I  A  T  G  P  A  U  R  G  N
M  U  W  A  N  N  H  E  X  V  M  B  M  W
D  X  I  I  C  D  G  I  B  H  T  M  E  J
T  R  Ä  D  P  A  T  T  A  M  S  Ä  R  G
F  R  U  K  T  T  R  Ä  D  G  Å  R  D  O
B  L  O  M  M  A  T  T  A  M  G  N  Ä  H
```

RÄFSA	DAMM
BUSKE	HÄNGMATTA
TRÄD	SLANG
BÄNK	SKYFFEL
STAKET	FRUKTTRÄDGÅRD
BLOMMA	JORD
GARAGE	TERRASS
GRÄS	TRAMPOLIN
GRÄSMATTA	VERANDA
TRÄDGÅRD	VIN

81 - Oceano

```
D N J S H K P T T B Z W I N
B O A U U R W S I A Å T E W
O L X W J A H I D T N T G H
K A Ä N W B J M V O P L R T
J V A C K B V V A N J A L T
X S Z N K A M T T F W S S W
L M C J H F O G T I I Y V S
M A N E T X I F E S I L A H
B N B I C S Z S N K Y N M A
E I O T F S G K K E W O P N
S T O R M L L A R O K R E V
F I S K A R E G L A K T A K
J S A D D A P D L Ö K S Z F
Å L Z M R Ä K A F Y A O Z E
```

ALGER	TIDVATTEN
TONFISK	MANET
VAL	OSTRON
BÅT	FISK
RÄKA	BLÄCKFISK
KRABBA	REV
KORALL	SALT
ÅL	SKÖLDPADDA
SVAMP	STORM
DELFIN	HAJ

82 - Profissões #1

```
R P U F U Y G X K B A K S K
Ö D G O L O E G O A S A J D
R Y F R T T B O N N T R U P
M K M S R A A N S K R T K S
O N K K J K X A T I O O S Y
K A V A F O O M N R N G K K
A M S R W V E Ö Ä H O R Ö O
R D U E Z D U J R M M A T L
E N B S D A N S A R E F E O
R A T S I N A I P W C H R G
A R R Ö T K A D E R V T S D
G B E R A R E L E V U J K H
Ä I W R Ä N I R E T E V A R
J C A M B A S S A D Ö R X C
```

ADVOKAT	AMBASSADÖR
KONSTNÄR	RÖRMOKARE
ASTRONOM	SJUKSKÖTERSKA
BANKIR	GEOLOG
BRANDMAN	JUVELERARE
JÄGARE	SJÖMAN
KARTOGRAF	MUSIKER
FORSKARE	PIANIST
DANSARE	PSYKOLOG
REDAKTÖR	VETERINÄR

83 - Força e Gravidade

```
M  L  C  U  D  Y  N  A  M  I  S  K  A  Z
U  A  E  X  P  A  N  S  I  O  N  X  V  N
R  L  G  I  Z  P  S  H  A  X  E  L  S  E
T  R  S  N  O  I  T  K  I  R  F  P  T  F
N  E  C  Z  E  F  Y  S  I  K  D  V  Å  F
E  T  K  C  Ä  T  P  P  U  I  S  I  N  E
C  E  C  U  M  M  I  Z  V  N  D  K  D  K
L  N  Y  P  H  G  K  S  H  A  U  T  E  T
V  A  R  E  U  V  P  U  M  K  T  F  Y  J
S  L  T  M  W  N  U  Z  T  E  I  I  E  B
D  P  E  A  M  J  I  G  J  M  N  T  D  V
H  A  S  T  I  G  H  E  T  S  G  P  W  F
E  G  E  N  S  K  A  P  E  R  A  F  J  V
N  A  N  A  B  S  P  P  O  L  M  O  B  G
```

FRIKTION	MAGNITUD
CENTRUM	MEKANIK
UPPTÄCKT	OMLOPPSBANA
DYNAMISK	VIKT
AVSTÅND	PLANETER
AXEL	TRYCK
EXPANSION	EGENSKAPER
FYSIK	HASTIGHET
EFFEKT	TID
MAGNETISM	

84 - Abelhas

```
H  E  C  S  M  D  V  X  T  T  E  B  Y  H
K  J  I  N  E  R  Ä  M  S  R  J  L  H  O
T  F  R  U  T  F  L  U  L  Ä  S  O  L  N
X  B  U  Z  S  K  G  D  A  D  P  M  I  U
O  S  J  T  Y  D  Ö  J  P  G  O  M  V  N
B  H  R  M  S  F  R  R  U  Å  L  A  S  G
S  E  Z  M  O  X  A  V  K  R  L  T  M  C
S  O  L  I  K  W  N  R  I  D  E  C  I  S
V  Ä  X  T  E  R  D  F  B  N  N  Z  L  V
I  L  S  G  T  K  E  S  N  I  G  Z  J  Ä
D  R  O  T  T  N  I  N  G  W  A  A  Ö  R
B  L  O  M  M  O  R  F  R  U  K  T  R  M
M  Å  N  G  F  A  L  D  G  G  W  H  W  S
F  P  O  X  K  W  L  M  U  E  G  X  N  R
```

VINGAR	RÖK
VÄLGÖRANDE	LIVSMILJÖ
VAX	INSEKT
BIKUPA	TRÄDGÅRD
MÅNGFALD	HONUNG
EKOSYSTEM	VÄXTER
SVÄRM	POLLEN
BLOMMA	DROTTNING
BLOMMOR	SOL
FRUKT	

85 - Ciência

```
O  D  F  D  O  T  E  M  V  Ä  X  T  E  R
R  A  A  N  B  F  O  U  X  V  V  P  A  E
G  T  K  O  S  X  O  T  L  I  D  F  L  L
A  A  T  I  E  B  I  S  O  K  B  O  L  Y
N  M  U  T  R  R  J  U  S  S  D  R  V  K
I  Y  M  U  V  A  U  J  V  I  V  S  A  E
S  R  E  L  A  R  E  N  I  M  L  K  R  L
M  U  M  O  T  A  X  H  N  E  Z  A  O  O
E  T  F  V  I  N  F  C  Y  K  O  R  C  M
L  A  L  E  O  A  U  Y  Y  P  B  E  D  I
L  N  U  M  N  F  N  G  S  T  O  H  Y  G
S  O  A  K  L  I  M  A  T  I  T  T  A  W
P  A  R  T  I  K  L  A  R  R  K  H  E  I
L  A  B  O  R  A  T  O  R  I  U  M  X  S
```

ATOM
FORSKARE
KLIMAT
DATA
EVOLUTION
FAKTUM
FYSIK
FOSSIL
ALLVAR
HYPOTES

LABORATORIUM
METOD
MINERALER
MOLEKYLER
NATUR
OBSERVATION
ORGANISM
PARTIKLAR
VÄXTER
KEMISK

86 - Comida #1

```
J  B  K  J  M  M  R  Y  A  V  S  H  B  E
D  B  A  U  X  L  J  Z  U  I  R  R  A  D
P  B  N  I  X  O  R  Ö  V  F  I  T  S  X
N  U  E  C  J  A  D  A  L  L  A  S  I  O
N  G  L  E  G  P  S  M  P  K  F  U  L  H
Z  D  C  R  M  P  N  O  R  T  I  C  I  H
R  R  E  K  C  O  S  R  K  X  D  Z  K  Z
T  O  N  F  I  S  K  O  C  I  C  E  A  V
L  J  R  O  V  A  S  T  G  H  R  D  W  I
A  N  L  Z  C  I  U  P  O  Y  M  P  E  T
S  T  Ö  N  D  R  O  J  E  O  R  I  A  L
G  M  K  M  W  L  H  E  T  N  R  O  K  Ö
K  P  P  S  F  B  V  U  S  V  A  P  A  K
C  X  R  Z  L  S  N  T  H  D  W  T  K  M
```

SOCKER	SPENAT
VITLÖK	MJÖLK
JORDNÖT	CITRON
TONFISK	BASILIKA
KAKA	JORDGUBB
KANEL	ROVA
LÖK	SALT
MOROT	SALLAD
KORN	SOPPA
APRIKOS	JUICE

87 - Geometria

```
M  B  C  I  I  V  D  V  U  X  P  L  L  D
B  A  O  F  G  I  R  O  E  T  Z  A  R  I
D  E  S  G  C  N  O  I  T  A  V  K  E  M
P  I  R  S  P  K  I  G  O  L  U  I  S  E
A  R  A  Ä  A  E  S  M  E  P  Y  T  Z  N
R  T  F  M  K  L  E  G  N  A  I  R  T  S
A  E  P  W  E  N  F  O  U  K  N  E  N  I
L  M  P  H  G  T  I  H  U  U  H  V  E  O
L  M  X  Ö  U  H  E  N  V  R  E  P  M  N
E  Y  I  J  K  K  O  R  G  V  V  P  G  Y
L  S  G  D  O  B  K  G  N  A  I  D  E  M
L  A  N  D  E  L  K  O  C  S  D  H  S  Y
Y  T  A  B  Y  W  C  C  I  R  K  E  L  T
D  Z  H  O  R  I  S  O  N  T  E  L  L  S
```

HÖJD	MASSA
VINKEL	MEDIAN
BERÄKNING	PARALLELL
CIRKEL	ANDEL
KURVA	SEGMENT
DIAMETER	SYMMETRI
DIMENSION	YTA
EKVATION	TEORI
HORISONTELL	TRIANGEL
LOGIK	VERTIKAL

88 - Pássaros

```
P W F H S X Z P T O U C A N
I F L M W F H E Å H K M L F
N C A M B N X G H F B O K H
G X M M N O J Å A U Å R J D
V D I P S C Y S Å M D G G Ä
I S N K Y C K L I N G U E I
N T G Ö O K M V C R C P V L
S R O G Z N R T W Ö Y A D A
T U A N K A V Å Z F S P H H
O T U A U K U R K J P E Ä A
R S S V U I J V L A A G G S
K S T S T L Z J R R R O E J
B N S U C E Z V G Y V J R E
X X U E B P B H T H X A S W
```

STRUTS	HÄGER
ÖRN	ÄGG
STORK	PAPEGOJA
SVAN	SPARV
KRÅKA	ANKA
GÖK	PÅFÅGEL
FLAMINGO	PELIKAN
KYCKLING	PINGVIN
MÅS	DUVA
GÅS	TOUCAN

89 - Virtudes #1

```
R  E  N  F  B  C  X  G  E  N  E  R  Ö  S
E  A  R  A  D  B  L  Y  G  S  A  M  Y  R
K  V  T  N  E  K  I  F  Y  N  X  K  U  N
Ä  G  R  T  N  E  G  I  L  L  E  T  N  I
S  Ö  J  A  O  H  I  B  R  A  B  Y  Z  O
C  R  V  S  O  U  L  P  W  X  J  V  P  B
H  A  P  I  N  S  O  W  S  H  K  H  U  E
A  N  A  F  T  T  R  N  M  J  L  M  S  R
R  D  T  U  V  K  S  I  T  K  A  R  P  O
M  E  I  L  V  O  E  W  B  G  K  O  C  E
I  E  E  L  E  L  E  F  S  B  N  C  W  N
G  B  N  P  S  K  T  D  F  Y  R  M  P  D
Z  Y  T  L  I  N  I  M  H  E  E  I  O  E
P  A  S  S  I  O  N  E  R  A  D  X  K  O
```

PASSIONERAD	FANTASIFULL
BRA	OBEROENDE
SÄKER	INTELLIGENT
NYFIKEN	REN
AVGÖRANDE	BLYGSAM
EFFEKTIV	PATIENT
CHARMIG	PRAKTISK
ROLIG	KLOK
GENERÖS	

90 - Literatura

```
B  J  X  E  D  M  E  T  A  F  O  R  P  T
I  Ä  Z  M  I  R  S  S  I  Y  Z  E  O  E
O  M  B  S  K  G  Y  T  K  E  K  B  E  M
G  F  A  E  T  D  B  T  I  H  F  U  T  A
R  Ö  N  U  R  I  T  L  M  L  E  X  I  D
A  R  E  N  C  Ä  Y  N  D  Y  G  V  S  V
F  E  K  H  I  L  T  W  L  S  Y  X  K  C
I  L  D  U  R  G  P  T  D  I  A  L  O  G
K  S  O  F  I  D  E  G  A  R  T  C  F  P
C  E  T  G  N  I  N  V  I  R  K  S  E  B
Å  S  I  K  T  R  O  M  A  N  E  L  J  S
A  N  A  L  Y  S  S  L  U  T  S  A  T  S
F  Ö  R  F  A  T  T  A  R  E  J  J  S  D
L  M  A  N  A  L  O  G  I  E  Y  V  O  X
```

ANALOGI	METAFOR
ANALYS	BERÄTTARE
ANEKDOT	ÅSIKT
FÖRFATTARE	DIKT
BIOGRAFI	POETISK
JÄMFÖRELSE	RIM
SLUTSATS	RYTM
BESKRIVNING	ROMAN
DIALOG	TEMA
STIL	TRAGEDI

91 - Química

```
M  S  R  Y  L  S  Z  S  O  J  I  E  K  B
M  A  G  P  G  E  L  W  Y  V  T  L  U  O
H  L  C  V  J  K  U  A  V  R  F  E  K  T
C  T  L  A  L  I  R  P  R  L  A  K  Z  R
K  A  T  A  L  Y  S  A  T  O  R  T  I  K
S  E  O  X  U  Y  M  N  R  O  K  R  V  O
I  E  M  R  Ä  V  A  O  N  K  N  O  Ä  L
L  G  U  H  G  O  E  J  L  J  R  N  T  E
A  Z  D  I  O  A  S  T  Z  E  Ä  G  S  N
K  K  L  O  R  G  N  L  N  R  K  B  K  Z
L  M  J  P  H  A  H  I  Y  Y  V  Y  A  Y
A  V  I  K  T  S  P  N  S  S  Ä  A  L  M
P  Y  I  N  C  V  L  A  X  K  T  U  H  X
Y  E  L  E  M  E  N  T  J  N  E  Z  D  V
```

ALKALISK	VÄTE
SYRA	JON
VÄRME	VÄTSKA
KOL	MOLEKYL
KATALYSATOR	KÄRNKRAFT
KLOR	ORGANISK
ELEMENT	SYRE
ELEKTRON	VIKT
ENZYM	SALT
GAS	

92 - Clima

```
T E M P E R A T U R B B B R
I I L B S D A K S Å B Y O E
M O L N L N V T B R I S M G
M H W A G I S B M O R T J N
N O K K Y V X U H O S H X B
U G S R W X T T I C S S R Å
S B I O T G O S M L F F E G
N T P V L E R N M U F X Ä E
O P O M A O K V E K Y H K R
M H R R D T A A L L T E U B
V O T M M O M T R I I T Y
B X N E N R M T S M S H A Z
F D T Z T R I K L A Z L S Y
P O L Ä R A D S D T G N H R
```

REGNBÅGE
ATMOSFÄR
BRIS
HIMMEL
KLIMAT
ORKAN
IS
MONSUN
DIMMA
MOLN

POLÄRA
BLIXT
TORKA
TORR
TEMPERATUR
STORM
TROMB
TROPISK
ÅSKA
VIND

93 - Arte

```
E  I  S  E  O  P  P  C  G  E  W  Z  S  A
G  I  L  N  O  S  R  E  P  H  R  V  K  W
H  G  O  K  U  R  D  U  H  U  A  Z  I  I
M  U  F  E  I  X  T  K  S  J  G  J  L  Z
S  U  M  L  O  B  M  Y  S  B  N  D  D  H
I  E  T  Ö  Y  L  L  E  U  S  I  V  R  S
L  M  D  A  R  E  R  I  P  S  N  I  A  O
A  H  F  K  L  K  A  Ä  Ä  R  L  I  G  R
E  U  S  Y  O  A  C  E  M  P  Å  D  J  I
R  U  G  I  F  M  L  Y  S  N  M  E  N  G
R  M  I  N  E  A  P  A  K  S  E  M  D  I
U  T  T  R  Y  C  K  L  P  M  Y  C  F  N
S  K  U  L  P  T  U  R  E  P  L  C  E  A
M  K  E  R  A  M  I  K  M  X  R  S  T  L
```

KERAMIK	PERSONLIG
KOMPLEX	MÅLNINGAR
SKAPA	POESI
SKULPTUR	SKILDRA
UTTRYCK	ENKEL
FIGUR	SYMBOL
ÄRLIG	ÄMNE
HUMÖR	SURREALISM
INSPIRERAD	VISUELL
ORIGINAL	

94 - Diplomacia

```
D  I  P  L  O  M  A  T  I  S  K  I  T  E
A  M  B  A  S  S  A  D  F  D  Y  C  J  M
F  R  W  A  M  B  A  S  S  A  D  Ö  R  A
A  H  M  L  H  M  K  I  T  I  L  O  P  R
S  O  R  I  T  U  Å  M  J  E  E  G  H  E
I  Ä  P  F  W  M  R  J  C  S  R  E  U  S
V  L  K  E  B  O  P  V  X  G  A  M  M  O
T  V  O  E  L  Ö  S  N  I  N  G  E  A  L
T  E  T  I  R  G  E  T  N  I  R  N  N  U
Ä  C  R  D  B  H  G  I  V  R  O  S  I  T
R  U  F  U  C  V  E  P  E  E  B  K  T  I
F  Ö  R  D  R  A  G  T  L  G  D  A  Ä  O
S  A  M  A  R  B  E  T  E  E  E  P  R  N
R  Å  D  G  I  V  A  R  E  R  M  L  U  Y
```

MEDBORGARE	HUMANITÄR
GEMENSKAP	INTEGRITET
RÅDGIVARE	RÄTTVISA
SAMARBETE	SPRÅK
DIPLOMATISK	POLITIK
AMBASSAD	RESOLUTION
AMBASSADÖR	SÄKERHET
ETIK	LÖSNING
REGERING	FÖRDRAG

95 - Comida # 2

```
C  Z  A  W  N  Ä  L  D  L  G  M  P  F  Ä
E  H  R  D  P  G  H  S  H  T  B  I  G  G
N  O  O  I  R  G  U  A  I  R  J  B  P  G
U  J  W  K  N  D  R  K  L  I  L  Y  R  P
E  N  K  Z  L  C  L  B  S  S  F  G  Y  L
R  O  X  A  D  A  E  A  K  M  D  N  O  A
L  E  E  E  E  V  D  N  I  K  J  I  G  N
T  O  M  A  T  U  N  A  N  I  F  L  H  T
Ä  P  P  L  E  R  A  N  K  W  M  K  U  A
S  F  C  N  V  D  M  B  A  I  D  C  R  Z
F  I  S  K  Z  I  R  G  O  S  T  Y  T  K
K  R  O  N  Ä  R  T  S  K  O  C  K  A  E
S  V  A  M  P  K  Ö  R  S  B  Ä  R  Z  I
N  T  B  R  O  C  C  O  L  I  H  D  G  B
```

KRONÄRTSKOCKA	YOGHURT
MANDEL	KIWI
RIS	ÄPPLE
BANAN	ÄGG
ÄGGPLANTA	FISK
BROCCOLI	SKINKA
KÖRSBÄR	OST
CHOKLAD	TOMAT
SVAMP	VETE
KYCKLING	DRUVA

96 - Universo

```
R  D  J  F  M  A  S  T  R  O  N  O  M  K
G  A  L  A  X  Å  T  G  U  O  D  Y  X  O
H  T  O  K  P  I  N  E  O  H  N  K  O  S
T  C  S  D  D  C  N  E  L  L  Å  P  U  M
A  S  T  R  O  N  O  M  I  E  T  K  M  I
H  O  R  I  S  O  N  T  G  M  S  K  X  S
H  A  L  V  K  L  O  T  X  M  L  K  Z  K
A  T  M  O  S  F  Ä  R  J  I  O  Y  O  E
S  A  S  T  E  R  O  I  D  H  S  W  Y  P
B  Y  D  G  C  L  O  N  G  I  T  U  D  S
N  A  N  A  B  S  P  P  O  L  M  O  C  C
I  C  S  L  E  K  V  A  T  O  R  A  L  A
T  T  G  Z  I  C  H  I  M  M  E  L  S  K
N  M  D  A  R  G  D  D  E  R  B  F  J  H
```

ASTEROID   HORISONT
ASTRONOMI   BREDDGRAD
ASTRONOM   LONGITUD
ATMOSFÄR   MÅNE
HIMMELSK   OMLOPPSBANA
HIMMEL   SOL
KOSMISK   SOLSTÅND
EKVATOR   TELESKOP
GALAX   SYNLIG
HALVKLOT

97 - Jazz

```
T  R  G  B  K  I  N  K  E  T  A  K  R  I
M  R  Y  N  B  O  M  U  S  I  K  O  Y  M
E  D  U  B  R  G  N  E  U  R  E  N  T  P
F  J  F  M  S  Z  J  S  F  U  B  S  M  R
W  C  G  N  M  C  S  R  T  H  A  E  H  O
U  M  O  R  L  O  X  O  L  N  U  R  K  V
B  A  D  N  C  D  R  B  I  N  Ä  T  Ä  I
R  E  S  N  E  U  L  F  N  I  H  R  N  S
B  R  T  D  B  K  I  A  L  B  U  M  D  A
E  N  S  O  R  E  T  I  R  O  V  A  F  T
Z  E  T  C  N  U  S  M  I  W  Y  V  M  I
F  G  L  Y  X  I  C  W  J  I  N  K  U  O
O  I  Å  S  A  Y  N  B  T  V  Y  W  O  N
H  O  T  J  T  V  H  G  N  A  L  A  T  D
```

KONSTNÄR
ALBUM
TRUMMOR
LÅT
KONSERT
STIL
BETONING
KÄND
FAVORITER

GENRE
IMPROVISATION
INFLUENSER
MUSIK
NY
RYTM
TALANG
TEKNIK

98 - Barcos

```
F D L K K U E E R I L T F K
X L C S V A Y D N I P B Ä C
R A O I S I J Z Y J N M R D
Y G O T R E P A O G H Ö J S
I C H U T O N A K N J T A V
X S N A Z E I R U I F F K G
A P M N V V A E T N V R C H
E N E T T A V D I T Å Z O B
J P K B O J N J C T G X D S
J Y A A M O T O R Ä O A K J
W I J C R F L O D S R V A Ö
O U A O R E Y O B E I D I M
S W K Y A C H T D B G L J A
H M A S T Å B L E G E S I N
```

ANKARE	HAV
FÄRJA	TIDVATTEN
BOJ	SJÖMAN
KAJAK	MAST
KANOT	MOTOR
REP	NAUTISK
DOCKA	VÅGOR
YACHT	FLOD
FLOTTE	BESÄTTNING
SJÖ	SEGELBÅT

99 - Mamíferos

```
E K Y T V C I K F V F J P E
X L D Z E B R A J M Y W I M
N A E O E J B Y V S I H P O
J V A F L Y H U N D O J R A
T K J J A L P T R D R G M Z
P L R Å F N I F L E D T X R
K A M E L S T T A K C Y A K
I L N D V R U X U D V H I E
P L K T S Ä H G R K P U J A
L I T K X G B P I S A P I E
I R Ä V V A R G K R U J T W
F O K Ä N G U R U N A I X C
S G R A V E I R Ä R P F J Z
L E J O N K A N I N A E F U
```

VAL	GIRAFF
KAMEL	DELFIN
KÄNGURU	GORILLA
BÄVER	LEJON
HÄST	VARG
HUND	APA
KANIN	FÅR
PRÄRIEVARG	RÄV
ELEFANT	TJUR
KATT	ZEBRA

100 - Atividades e Lazer

```
F  O  T  B  O  L  L  A  D  B  G  L  V  P
C  A  M  P  I  N  G  N  I  F  R  U  S  S
T  H  W  S  J  E  S  K  Z  W  G  F  F  B
U  S  V  I  R  G  R  W  K  V  E  O  M  A
B  O  X  N  I  N  G  N  I  N  K  Y  D  S
V  C  H  N  K  I  K  C  C  M  S  T  B  E
S  A  S  E  R  N  C  S  G  G  I  Ä  A  B
B  I  N  T  S  L  K  O  C  Y  F  V  S  O
U  J  M  D  N  Å  J  O  H  F  L  L  K  L
R  Z  R  N  R  M  G  N  N  E  O  I  E  L
W  B  T  I  I  I  O  U  E  S  G  N  T  H
L  I  M  U  L  N  N  B  X  V  T  G  V  I
A  N  E  D  I  M  G  G  U  K  O  S  F  K
A  V  K  O  P  P  L  A  N  D  E  I  F  X
```

CAMPING	DYKNING
KONST	SIMNING
BASKET	FISKE
BASEBOLL	MÅLNING
BOXNING	AVKOPPLANDE
VANDRING	SURFING
TÄVLINGS	TENNIS
FOTBOLL	RESA
GOLF	

1 - Dirigindo

2 - Antiguidades

3 - Churrascos

4 - Pesca

5 - Geologia

6 - Ética

7 - Tempo

8 - Astronomia

9 - Circo

10 - Acampamento

11 - Ficção Científica

12 - Mitologia

13 - Medições

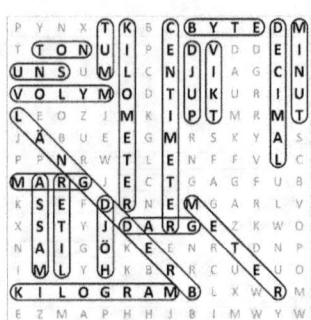

14 - Álgebra

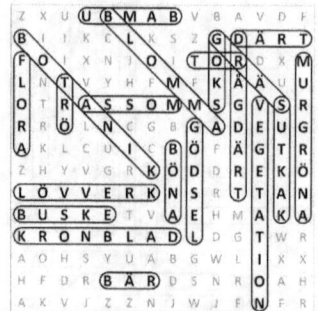

15 - Plantas

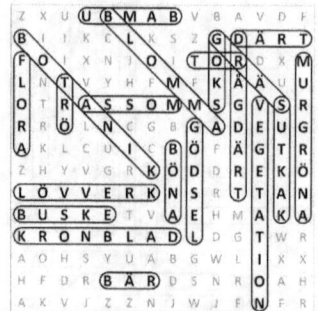

16 - Veículos

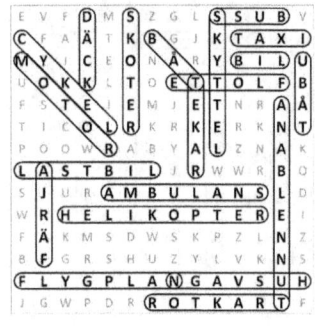

17 - Engenharia

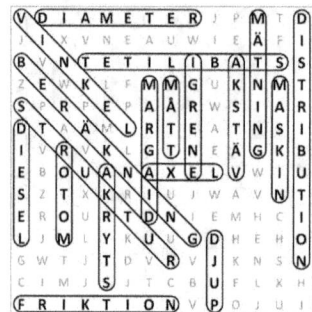

18 - Restaurante #2

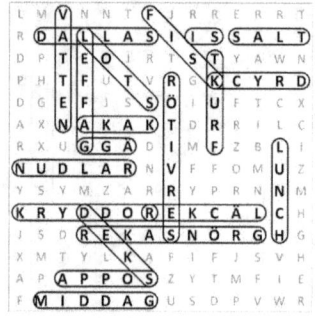

19 - Países #2

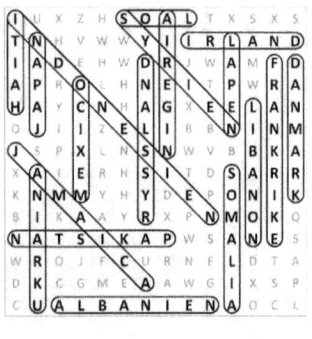

20 - Cozinha

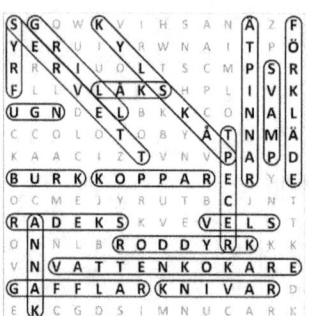

21 - Material de Arte

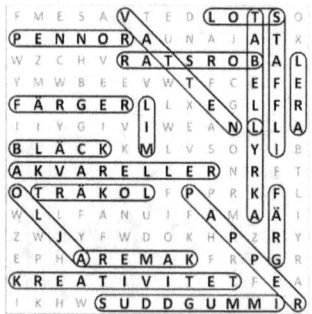

22 - Números

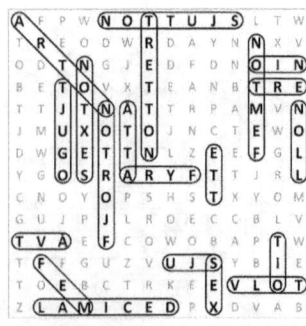

23 - Física

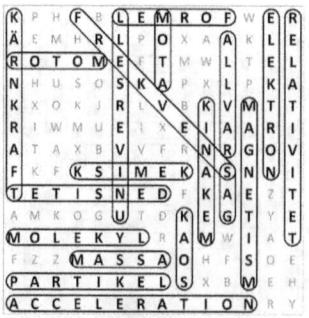

24 - Especiarias

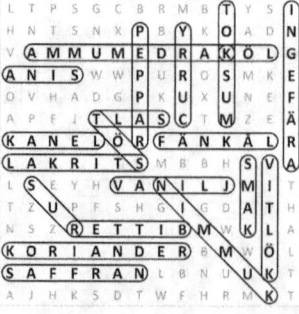

25 - Países #1

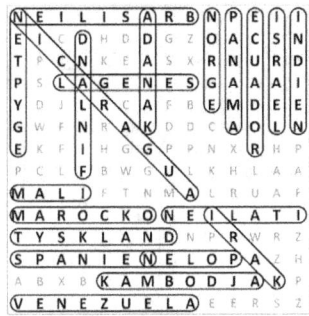

26 - A Mídia

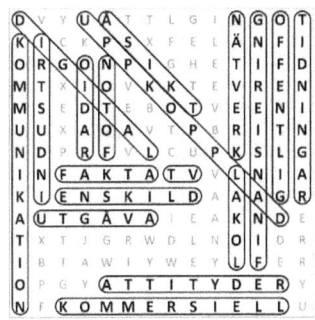

27 - Casa

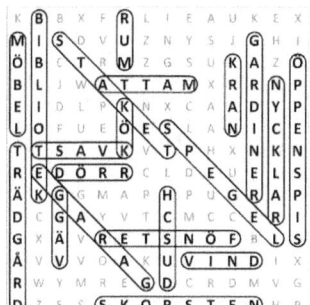

28 - Vegetais

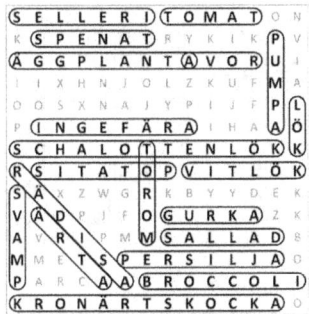

29 - Balé

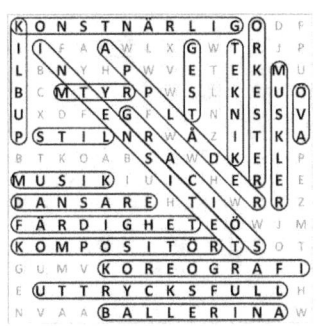

30 - Adjetivos #1

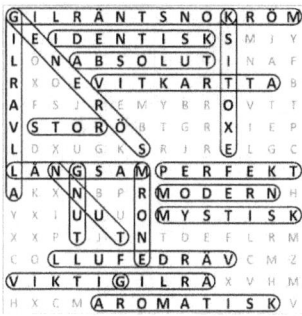

31 - Psicologia

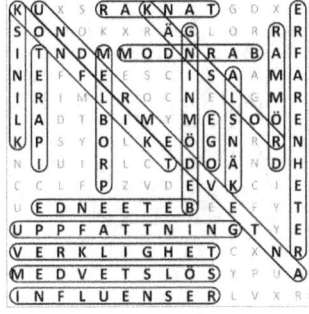

32 - Paisagens

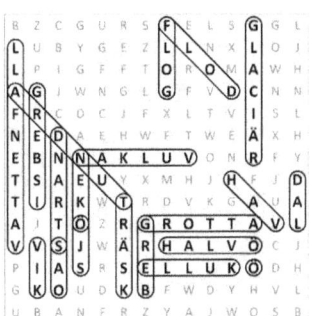

33 - Dança

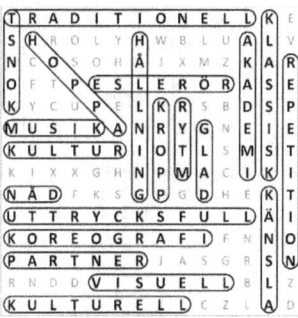

34 - Nutrição

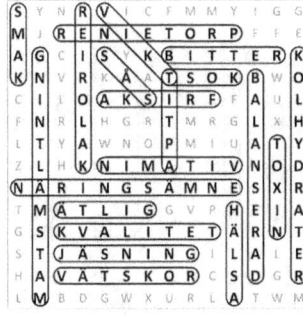

35 - Energia

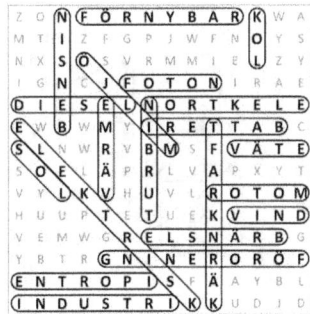

36 - Disciplinas Científicas

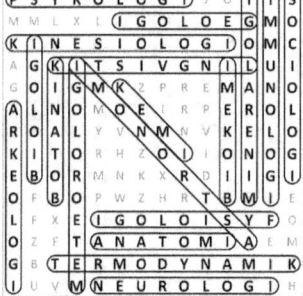

37 - Meditação

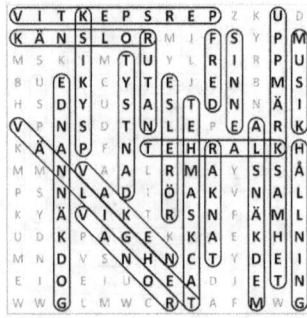

38 - Artes Visuais

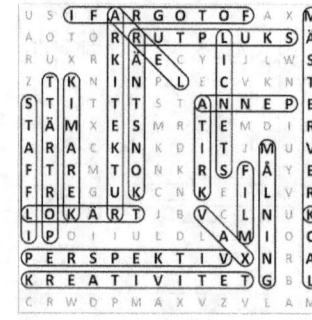

39 - Moda

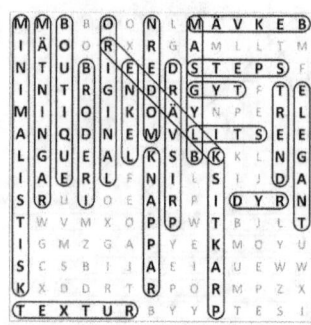

40 - Instrumentos Musicais

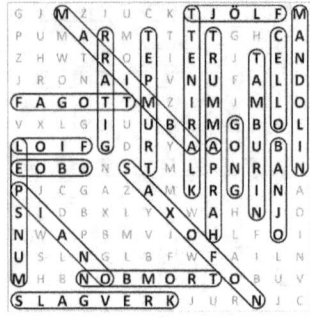

41 - Adjetivos #2

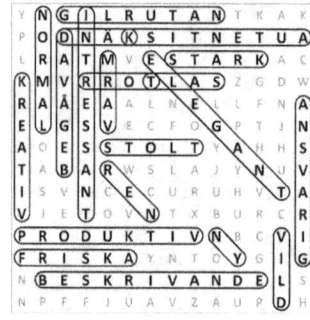

42 - Roupas

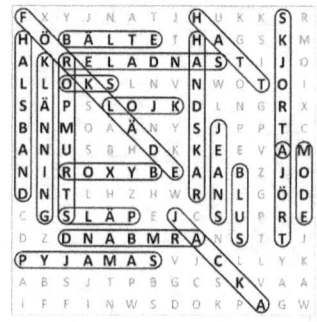

43 - Herbalismo

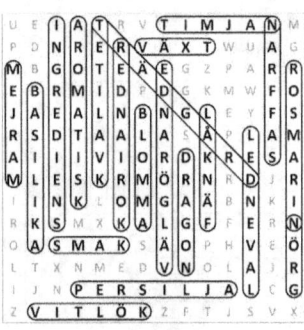

44 - Arqueologia

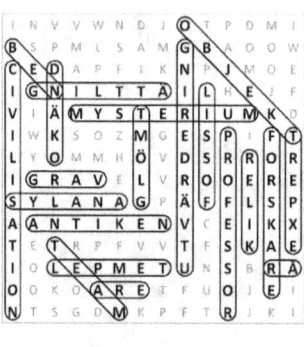

45 - Esporte

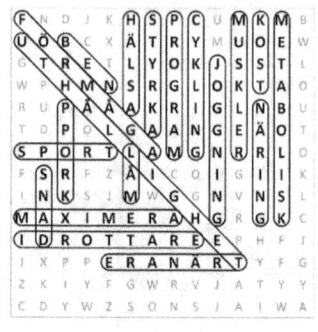

46 - Frutas

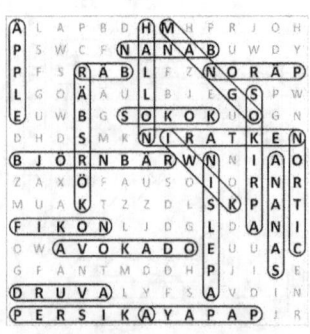

47 - Corpo Humano

48 - Caminhada

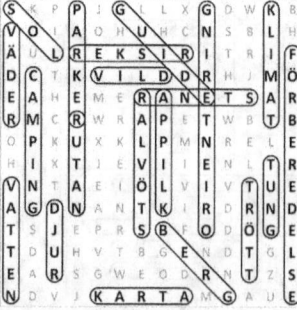

49 - Beleza

50 - Água

51 - Filantropia

52 - Ecologia

53 - Família

54 - Férias #2

55 - Edifícios

56 - Aventura

57 - Floresta Tropical

58 - Cidade

59 - Música

60 - Matemática

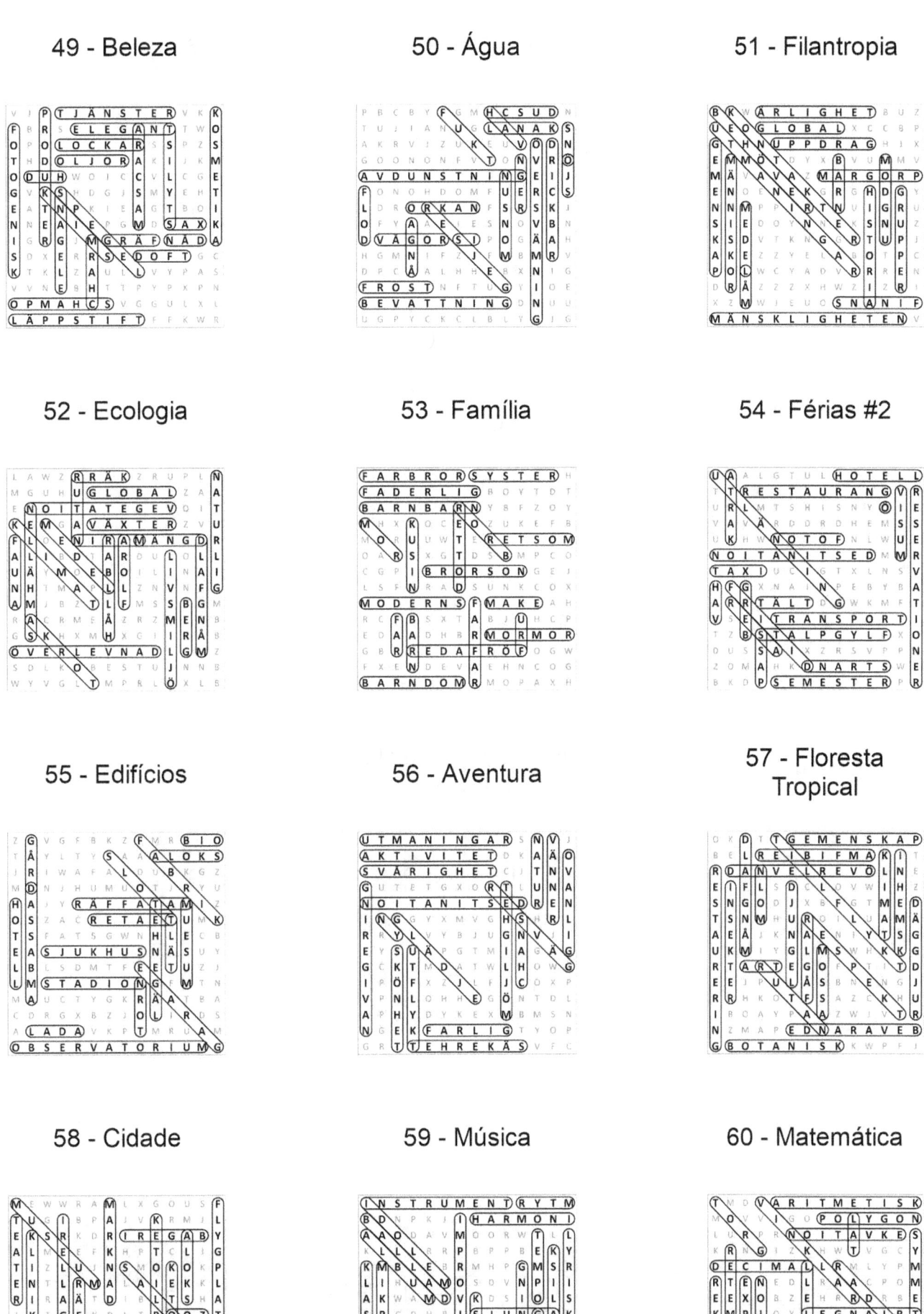

61 - Saúde e Bem Estar #1

62 - Natureza

63 - A Empresa

64 - Aviões

65 - Tipos de Cabelo

66 - Formas

67 - Dias e Meses

68 - Saúde e Bem Estar #2

69 - Geografia

70 - Antártica

71 - Flores

72 - Fazenda #1

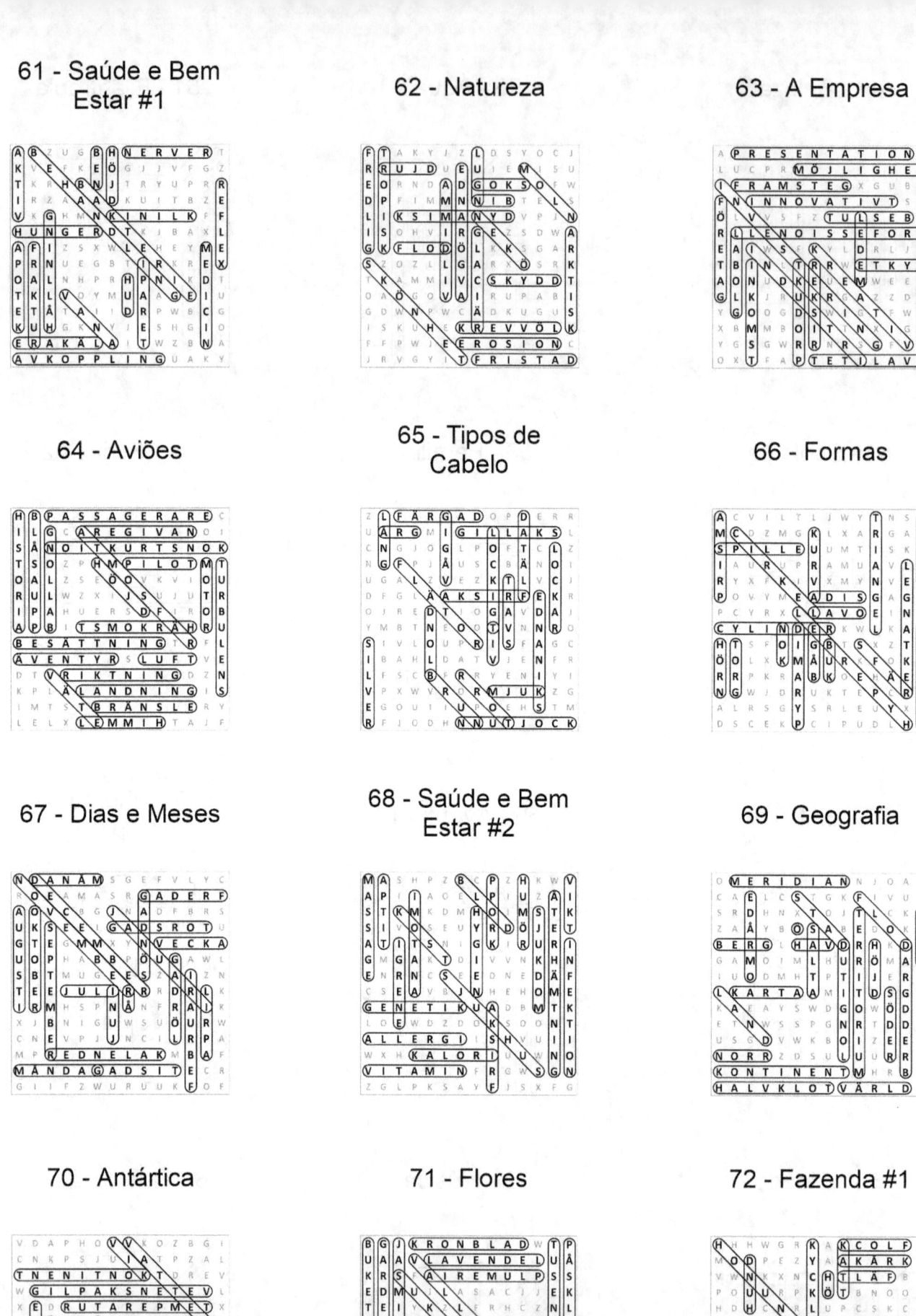

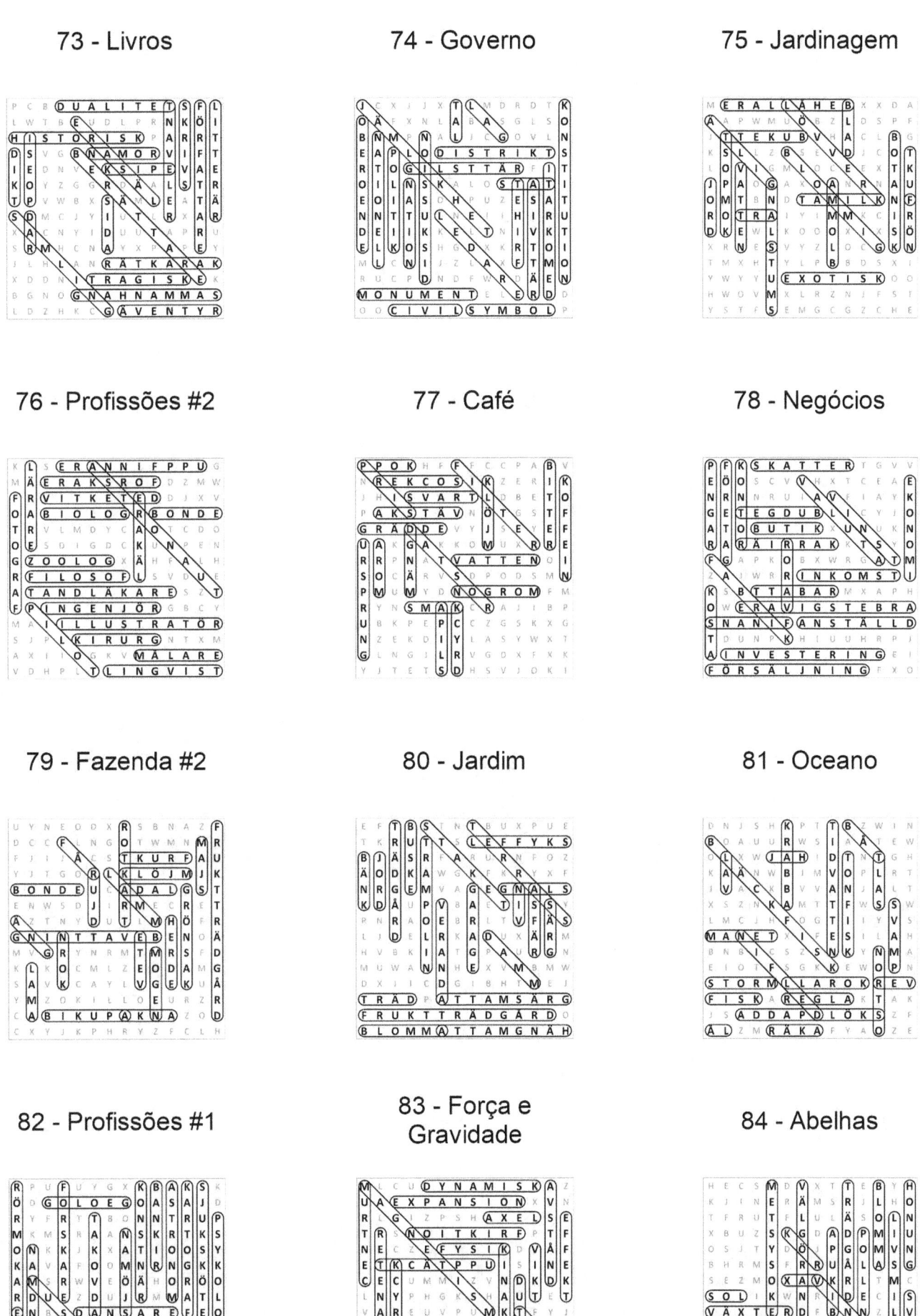

73 - Livros

74 - Governo

75 - Jardinagem

76 - Profissões #2

77 - Café

78 - Negócios

79 - Fazenda #2

80 - Jardim

81 - Oceano

82 - Profissões #1

83 - Força e Gravidade

84 - Abelhas

85 - Ciência

86 - Comida #1

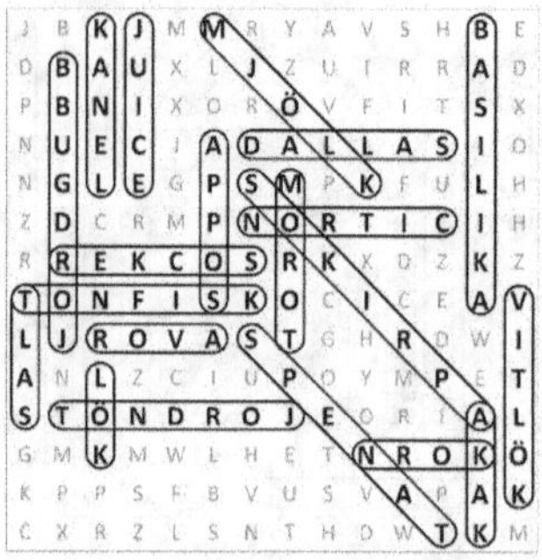

87 - Geometria

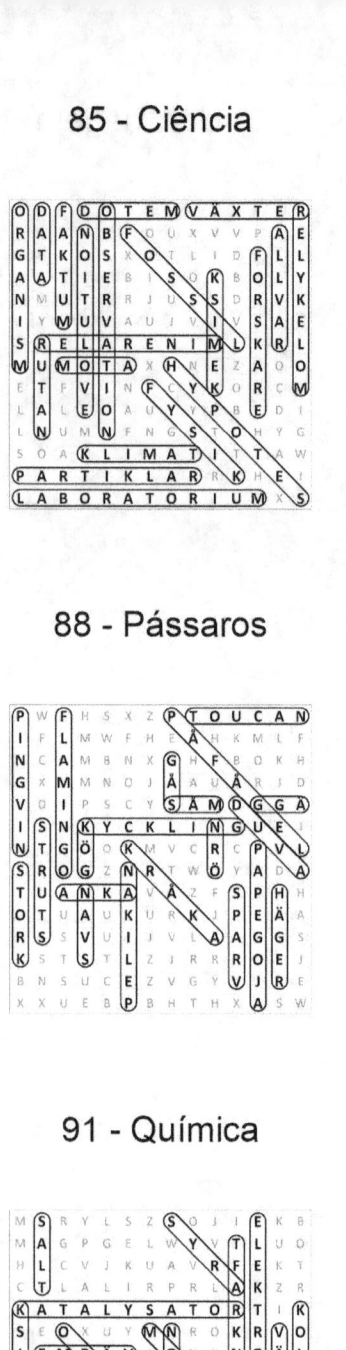

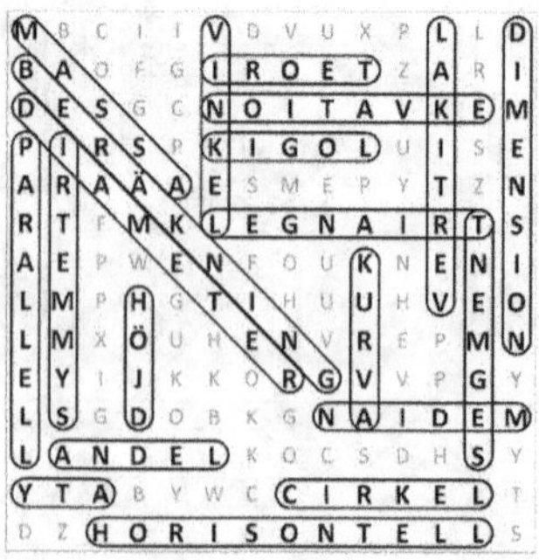

88 - Pássaros

89 - Virtudes #1

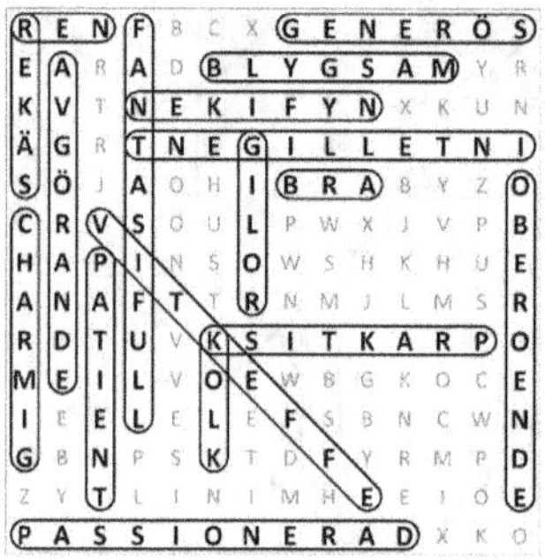

90 - Literatura

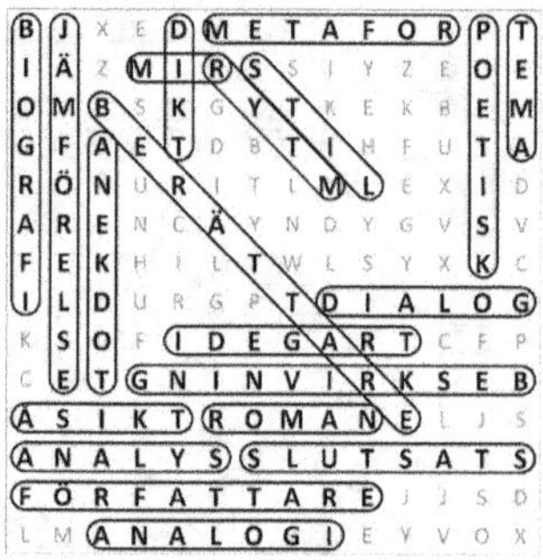

91 - Química

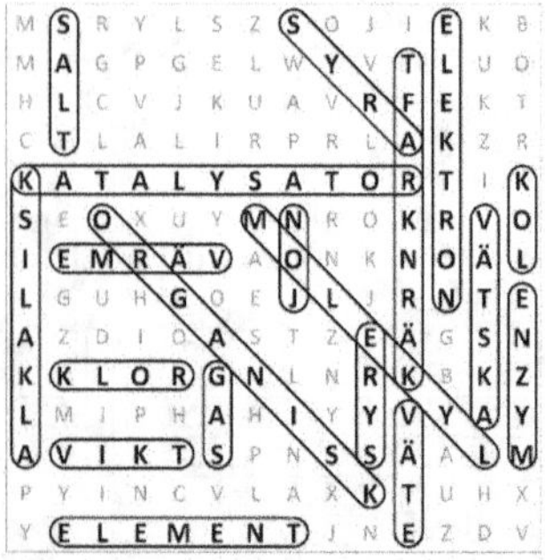

92 - Clima

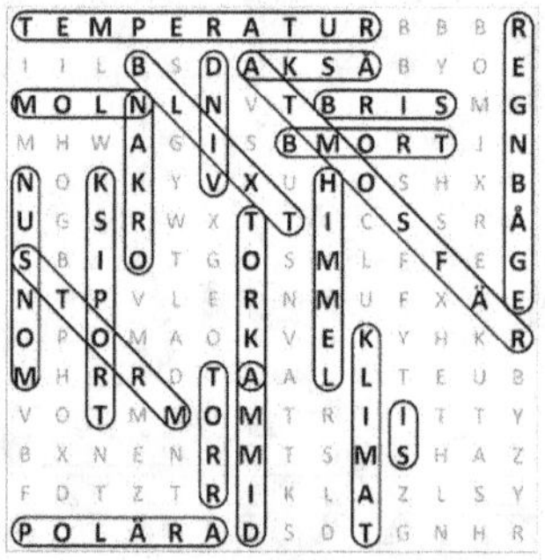

93 - Arte

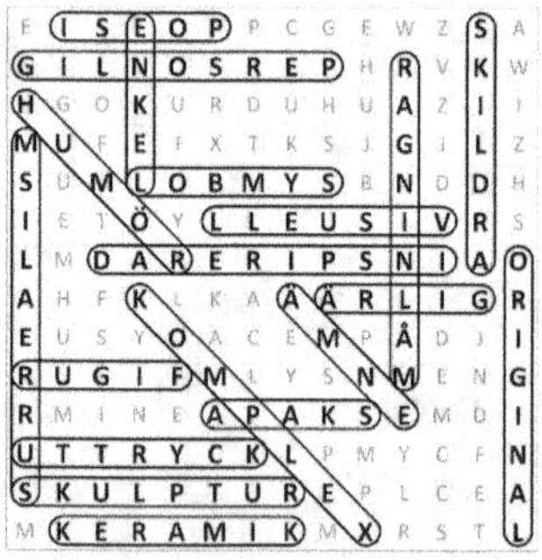

94 - Diplomacia

95 - Comida # 2

96 - Universo

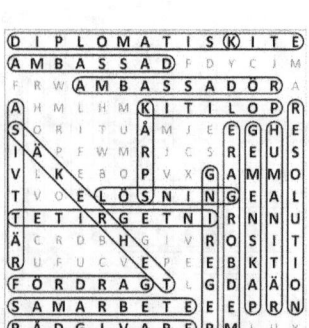
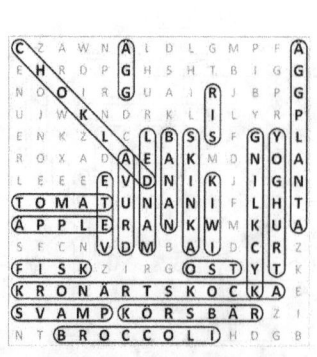
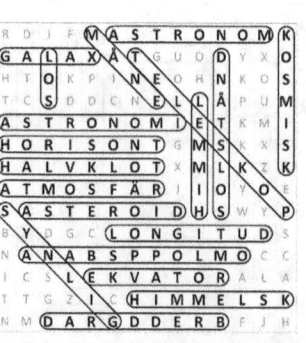

97 - Jazz

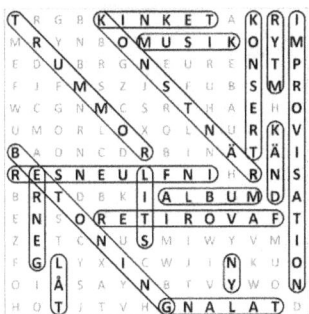

98 - Barcos

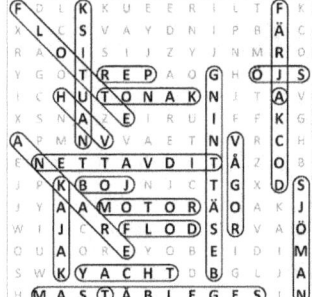

99 - Mamíferos

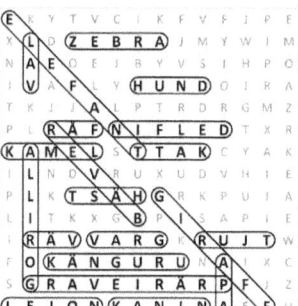

100 - Atividades e Lazer

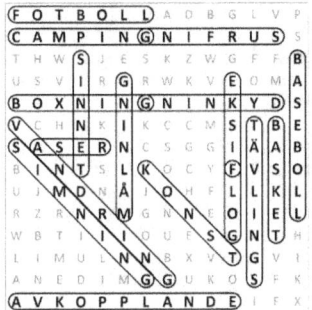

Dicionário

A Empresa
Företaget

Apresentação	Presentation
Criativo	Kreativ
Decisão	Beslut
Global	Global
Indústria	Industri
Inovador	Innovativt
Investimento	Investering
Negócio	Företag
Possibilidade	Möjlighet
Produto	Produkt
Profissional	Professionell
Progresso	Framsteg
Qualidade	Kvalitet
Receita	Inkomst
Recursos	Medel
Reputação	Rykte
Riscos	Risker
Tendências	Trender
Unidades	Enheter

A Mídia
Medium

Atitudes	Attityder
Comercial	Kommersiell
Comunicação	Kommunikation
Digital	Digital
Edição	Utgåva
Educação	Utbildning
Fatos	Fakta
Financiamento	Finansiering
Fotos	Foton
Individual	Enskild
Indústria	Industri
Intelectual	Intellektuell
Jornais	Tidningar
Local	Lokal
Online	Uppkopplad
Opinião	Åsikt
Público	Offentlig
Rádio	Radio
Rede	Nätverk
Televisão	Tv

Abelhas
Bin

Asas	Vingar
Benéfico	Välgörande
Cera	Vax
Colmeia	Bikupa
Diversidade	Mångfald
Ecossistema	Ekosystem
Enxame	Svärm
Flor	Blomma
Flores	Blommor
Fruta	Frukt
Fumaça	Rök
Habitat	Livsmiljö
Inseto	Insekt
Jardim	Trädgård
Mel	Honung
Plantas	Växter
Pólen	Pollen
Rainha	Drottning
Sol	Sol

Acampamento
Camping

Animais	Djur
Aventura	Äventyr
Árvores	Träd
Bússola	Kompass
Cabine	Stuga
Caça	Jakt
Canoa	Kanot
Chapéu	Hatt
Corda	Rep
Equipamento	Utrustning
Floresta	Skog
Fogo	Eld
Inseto	Insekt
Lago	Sjö
Lua	Måne
Maca	Hängmatta
Mapa	Karta
Montanha	Berg
Natureza	Natur
Tenda	Tält

Adjetivos #1
Adjektiv #1

Absoluto	Absolut
Aromático	Aromatisk
Artístico	Konstnärlig
Atraente	Attraktiv
Enorme	Enorm
Escuro	Mörk
Exótico	Exotisk
Fino	Tunn
Generoso	Generös
Grande	Stor
Honesto	Ärlig
Idêntico	Identisk
Importante	Viktig
Lento	Långsam
Misterioso	Mystisk
Moderno	Modern
Perfeito	Perfekt
Pesado	Tung
Sério	Allvarlig
Valioso	Värdefull

Adjetivos #2
Adjektiv #2

Autêntico	Autentisk
Criativo	Kreativ
Descritivo	Beskrivande
Dotado	Begåvad
Elegante	Elegant
Famoso	Känd
Forte	Stark
Interessante	Intressant
Natural	Naturlig
Normal	Normal
Novo	Ny
Orgulhoso	Stolt
Produtivo	Produktiv
Puro	Ren
Quente	Varm
Responsável	Ansvarig
Salgado	Salt
Saudável	Friska
Seco	Torr
Selvagem	Vild

Antártica
Antarktis

Ambiente	Miljö
Água	Vatten
Baía	Vik
Baleias	Valar
Científico	Vetenskaplig
Conservação	Bevarande
Continente	Kontinent
Expedição	Expedition
Geleiras	Glaciärer
Gelo	Is
Geografia	Geografi
Ilhas	Öar
Investigador	Forskare
Migração	Migration
Minerais	Mineraler
Península	Halvö
Pinguins	Pingviner
Rochoso	Stenig
Temperatura	Temperatur
Topografia	Topografi

Antiguidades
Antikviteter

Arte	Konst
Autêntico	Autentisk
Decorativo	Dekorativ
Décadas	Årtionden
Elegante	Elegant
Entusiasta	Entusiast
Escultura	Skulptur
Estilo	Stil
Galeria	Galleri
Incomum	Ovanlig
Investimento	Investering
Leilão	Auktion
Mobiliário	Möbel
Moedas	Mynt
Preço	Pris
Qualidade	Kvalitet
Restauração	Restaurering
Século	Århundrade
Valor	Värde
Velho	Gammal

Arqueologia
Arkeologi

Análise	Analys
Anos	År
Antiguidade	Antiken
Avaliação	Utvärdering
Civilização	Civilisation
Descendente	Ättling
Desconhecido	Okänd
Equipe	Team
Era	Era
Especialista	Expert
Esquecido	Glömt
Fóssil	Fossil
Investigador	Forskare
Mistério	Mysterium
Objetos	Objekt
Ossos	Ben
Professor	Professor
Relíquia	Relik
Templo	Tempel
Túmulo	Grav

Arte
Konst

Cerâmica	Keramik
Complexo	Komplex
Criar	Skapa
Escultura	Skulptur
Expressão	Uttryck
Figura	Figur
Honesto	Ärlig
Humor	Humör
Inspirado	Inspirerad
Original	Original
Pessoal	Personlig
Pinturas	Målningar
Poesia	Poesi
Retratar	Skildra
Simples	Enkel
Símbolo	Symbol
Sujeito	Ämne
Surrealismo	Surrealism
Visual	Visuell

Artes Visuais
Visuella Konsterna

Argila	Lera
Arquitetura	Arkitektur
Artista	Konstnär
Caneta	Penna
Carvão	Träkol
Cavalete	Staffli
Cera	Vax
Cerâmica	Keramik
Criatividade	Kreativitet
Escultura	Skulptur
Estêncil	Stencil
Filme	Film
Fotografia	Fotografi
Giz	Krita
Obra-Prima	Mästerverk
Perspectiva	Perspektiv
Pintura	Målning
Retrato	Porträtt
Verniz	Lack

Astronomia
Astronomi

Asteróide	Asteroid
Astronauta	Astronaut
Astrônomo	Astronom
Céu	Himmel
Constelação	Konstellation
Cosmos	Kosmos
Eclipse	Förmörkelse
Equinócio	Dagjämning
Foguete	Raket
Gravidade	Allvar
Lua	Måne
Meteoro	Meteor
Nebulosa	Nebulosa
Observatório	Observatorium
Planeta	Planet
Radiação	Strålning
Solar	Sol
Supernova	Supernova
Terra	Jord
Universo	Universum

Atividades e Lazer
Aktiviteter och Fritid

Acampamento	Camping
Arte	Konst
Basquete	Basket
Beisebol	Baseboll
Boxe	Boxning
Caminhada	Vandring
Corrida	Tävlings
Futebol	Fotboll
Golfe	Golf
Mergulho	Dykning
Natação	Simning
Pesca	Fiske
Pintura	Målning
Relaxante	Avkopplande
Surfe	Surfing
Tênis	Tennis
Viagem	Resa
Voleibol	Volleyboll

Aventura
Äventyr

Alegria	Glädje
Amigos	Vänner
Atividade	Aktivitet
Beleza	Skönhet
Chance	Chans
Desafios	Utmaningar
Destino	Destination
Dificuldade	Svårighet
Entusiasmo	Entusiasm
Excursão	Utflykt
Incomum	Ovanlig
Itinerário	Resväg
Natureza	Natur
Navegação	Navigering
Novo	Ny
Oportunidade	Möjlighet
Perigoso	Farlig
Preparação	Förberedelse
Segurança	Säkerhet
Surpreendente	Överraskande

Aviões
Flygplan

Altura	Höjd
Ar	Luft
Aterrissagem	Landning
Atmosfera	Atmosfär
Aventura	Äventyr
Balão	Ballong
Céu	Himmel
Combustível	Bränsle
Construção	Konstruktion
Descida	Härkomst
Direção	Riktning
Hidrogênio	Väte
História	Historia
Inflar	Blåsa Upp
Motor	Motor
Navegar	Navigera
Passageiro	Passagerare
Piloto	Pilot
Tripulação	Besättning
Turbulência	Turbulens

Água
Vatten

Canal	Kanal
Chuva	Regn
Chuveiro	Dusch
Evaporação	Avdunstning
Furacão	Orkan
Geada	Frost
Gelo	Is
Geyser	Gejser
Inundação	Översvämning
Irrigação	Bevattning
Lago	Sjö
Monção	Monsun
Neve	Snö
Oceano	Hav
Ondas	Vågor
Potável	Drickbar
Rio	Flod
Umidade	Fukt
Vapor	Ånga

Álgebra
Algebra

Diagrama	Diagram
Equação	Ekvation
Expoente	Exponent
Falso	Falsk
Fator	Faktor
Fórmula	Formel
Fração	Fraktion
Infinito	Oändlig
Linear	Linjär
Matriz	Matris
Número	Siffra
Parêntese	Parentes
Problema	Problem
Quantidade	Kvantitet
Simplificar	Förenkla
Solução	Lösning
Soma	Summa
Subtração	Subtraktion
Variável	Variabel
Zero	Noll

Balé
Balett

Aplauso	Applåder
Artístico	Konstnärlig
Bailarina	Ballerina
Compositor	Kompositör
Coreografia	Koreografi
Dançarinos	Dansare
Ensaio	Repetition
Estilo	Stil
Expressivo	Uttrycksfull
Gesto	Gest
Gracioso	Graciös
Habilidade	Färdighet
Intensidade	Intensitet
Músculos	Muskler
Música	Musik
Orquestra	Orkester
Prática	Öva
Público	Publik
Ritmo	Rytm
Técnica	Teknik

Barcos
Båtar

Âncora	Ankare
Balsa	Färja
Bóia	Boj
Caiaque	Kajak
Canoa	Kanot
Corda	Rep
Doca	Docka
Iate	Yacht
Jangada	Flotte
Lago	Sjö
Mar	Hav
Maré	Tidvatten
Marinheiro	Sjöman
Mastro	Mast
Motor	Motor
Náutico	Nautisk
Ondas	Vågor
Rio	Flod
Tripulação	Besättning
Veleiro	Segelbåt

Beleza
Skönhet

Batom	Läppstift
Cachos	Lockar
Charme	Charm
Cor	Färg
Cosméticos	Kosmetika
Elegante	Elegant
Elegância	Elegans
Espelho	Spegel
Estilista	Stylist
Fotogênico	Fotogenisk
Fragrância	Doft
Graça	Nåd
Maquiagem	Smink
Óleos	Oljor
Pele	Hud
Produtos	Produkter
Rímel	Mascara
Serviços	Tjänster
Tesoura	Sax
Xampu	Schampo

Café
Kaffe

Açúcar	Socker
Amargo	Bitter
Aroma	Arom
Assado	Rostad
Água	Vatten
Bebida	Dryck
Cafeína	Koffein
Copa	Kopp
Creme	Grädde
Filtro	Filter
Leite	Mjölk
Líquido	Vätska
Manhã	Morgon
Moer	Slipa
Origem	Ursprung
Preço	Pris
Preto	Svart
Sabor	Smak
Variedade	Mängd

Caminhada
Vandring

Acampamento	Camping
Animais	Djur
Água	Vatten
Botas	Stövlar
Cansado	Trött
Clima	Klimat
Guias	Guide
Mapa	Karta
Montanha	Berg
Natureza	Natur
Orientação	Orientering
Parques	Parker
Pedras	Stenar
Penhasco	Klippa
Perigos	Risker
Pesado	Tung
Preparação	Förberedelse
Selvagem	Vild
Sol	Sol
Tempo	Väder

Casa
Hus

Biblioteca	Bibliotek
Cerca	Staket
Chaminé	Skorsten
Chaves	Nycklar
Chuveiro	Dusch
Cortinas	Gardiner
Cozinha	Kök
Espelho	Spegel
Garagem	Garage
Janela	Fönster
Jardim	Trädgård
Lareira	Öppen Spis
Mobiliário	Möbel
Parede	Vägg
Porta	Dörr
Quarto	Rum
Sótão	Vind
Tapete	Matta
Torneira	Kran
Vassoura	Kvast

Churrascos
Grillar

Almoço	Lunch
Convite	Inbjudan
Crianças	Barn
Facas	Knivar
Família	Familj
Fome	Hunger
Frango	Kyckling
Fruta	Frukt
Grelha	Grill
Jantar	Middag
Jogos	Spel
Legumes	Grönsaker
Molho	Sås
Música	Musik
Pimenta	Peppar
Quente	Varm
Sal	Salt
Saladas	Sallader
Tomates	Tomater
Verão	Sommar

Cidade
Staden

Aeroporto	Flygplats
Banco	Bank
Biblioteca	Bibliotek
Cinema	Bio
Clínica	Klinik
Escola	Skola
Estádio	Stadion
Farmácia	Apotek
Galeria	Galleri
Hotel	Hotell
Jardim Zoológico	Zoo
Livraria	Bokhandel
Mercado	Marknad
Museu	Museum
Padaria	Bageri
Restaurante	Restaurang
Salão	Salong
Supermercado	Mataffär
Teatro	Teater
Universidade	Universitet

Ciência
Vetenskap

Átomo	Atom
Cientista	Forskare
Clima	Klimat
Dados	Data
Evolução	Evolution
Fato	Faktum
Física	Fysik
Fóssil	Fossil
Gravidade	Allvar
Hipótese	Hypotes
Laboratório	Laboratorium
Método	Metod
Minerais	Mineraler
Moléculas	Molekyler
Natureza	Natur
Observação	Observation
Organismo	Organism
Partículas	Partiklar
Plantas	Växter
Químico	Kemisk

Circo
Cirkus

Acrobata	Akrobat
Animais	Djur
Balões	Ballonger
Bilhete	Biljett
Desfile	Parad
Doce	Godis
Elefante	Elefant
Espectador	Åskådare
Espetacular	Spektakulär
Leão	Lejon
Macaco	Apa
Magia	Magi
Malabarista	Jonglör
Mágico	Trollkarl
Música	Musik
Palhaço	Clown
Tenda	Tält
Tigre	Tiger
Traje	Kostym
Truque	Lura

Clima
Väder

Arco-Íris	Regnbåge
Atmosfera	Atmosfär
Brisa	Bris
Céu	Himmel
Clima	Klimat
Furacão	Orkan
Gelo	Is
Monção	Monsun
Nevoeiro	Dimma
Nuvem	Moln
Polar	Polära
Relâmpago	Blixt
Seca	Torka
Seco	Torr
Temperatura	Temperatur
Tempestade	Storm
Tornado	Tromb
Tropical	Tropisk
Trovão	Åska
Vento	Vind

Comida # 2
Mat #2

Alcachofra	Kronärtskocka
Amêndoa	Mandel
Arroz	Ris
Banana	Banan
Beringela	Äggplanta
Brócolis	Broccoli
Cereja	Körsbär
Chocolate	Choklad
Cogumelo	Svamp
Frango	Kyckling
Iogurte	Yoghurt
Kiwi	Kiwi
Maçã	Äpple
Ovo	Ägg
Peixe	Fisk
Presunto	Skinka
Queijo	Ost
Tomate	Tomat
Trigo	Vete
Uva	Druva

Comida #1
Mat #1

Açúcar	Socker
Alho	Vitlök
Amendoim	Jordnöt
Atum	Tonfisk
Bolo	Kaka
Canela	Kanel
Cebola	Lök
Cenoura	Morot
Cevada	Korn
Damasco	Aprikos
Espinafre	Spenat
Leite	Mjölk
Limão	Citron
Manjericão	Basilika
Morango	Jordgubb
Nabo	Rova
Sal	Salt
Salada	Sallad
Sopa	Soppa
Suco	Juice

Corpo Humano
Människokroppen

Boca	Mun
Cabeça	Huvud
Cérebro	Hjärna
Coração	Hjärta
Cotovelo	Armbåge
Dedo	Finger
Joelho	Knä
Mandíbula	Käke
Mão	Hand
Nariz	Näsa
Olho	Öga
Ombro	Axel
Orelha	Öra
Pele	Hud
Perna	Ben
Pescoço	Hals
Queixo	Haka
Sangue	Blod
Testa	Panna
Tornozelo	Fotled

Cozinha
Kök

Avental	Förkläde
Chaleira	Vattenkokare
Colheres	Skedar
Concha	Slev
Cups	Koppar
Especiarias	Kryddor
Esponja	Svamp
Facas	Knivar
Forno	Ugn
Freezer	Frys
Garfos	Gafflar
Geladeira	Kylskåp
Grelha	Grill
Guardanapo	Servett
Jar	Burk
Jarro	Kanna
Pauzinhos	Ätpinnar
Receita	Recept
Tigela	Skål

Dança
Dansa

Academia	Akademi
Alegre	Glad
Arte	Konst
Clássico	Klassisk
Coreografia	Koreografi
Corpo	Kropp
Cultura	Kultur
Cultural	Kulturell
Emoção	Känsla
Ensaio	Repetition
Expressivo	Uttrycksfull
Graça	Nåd
Movimento	Rörelse
Música	Musik
Parceiro	Partner
Postura	Hållning
Ritmo	Rytm
Saltar	Hoppa
Tradicional	Traditionell
Visual	Visuell

Dias e Meses
Dagar och Månader

Abril	April
Agosto	Augusti
Ano	År
Calendário	Kalender
Dezembro	December
Domingo	Söndag
Fevereiro	Februari
Janeiro	Januari
Julho	Juli
Junho	Juni
Mês	Månad
Novembro	November
Outubro	Oktober
Quinta-Feira	Torsdag
Sábado	Lördag
Segunda-Feira	Måndag
Semana	Vecka
Setembro	September
Sexta-Feira	Fredag
Terça	Tisdag

Diplomacia
Diplomati

Cidadãos	Medborgare
Comunidade	Gemenskap
Conflito	Konflikt
Consultor	Rådgivare
Cooperação	Samarbete
Diplomático	Diplomatisk
Discussão	Diskussion
Embaixada	Ambassad
Embaixador	Ambassadör
Ética	Etik
Governo	Regering
Humanitário	Humanitär
Integridade	Integritet
Justiça	Rättvisa
Línguas	Språk
Política	Politik
Resolução	Resolution
Segurança	Säkerhet
Solução	Lösning
Tratado	Fördrag

Dirigindo
Körning

Acidente	Olycka
Carro	Bil
Combustível	Bränsle
Cuidado	Varning
Estrada	Väg
Freios	Bromsar
Garagem	Garage
Gás	Gas
Licença	Licens
Mapa	Karta
Motocicleta	Motorcykel
Motor	Motor
Pedestre	Fotgängare
Perigo	Fara
Polícia	Polis
Rua	Gata
Segurança	Säkerhet
Transporte	Transport
Tráfego	Trafik
Túnel	Tunnel

Disciplinas Científicas
Vetenskapliga Discipliner

Anatomia	Anatomi
Arqueologia	Arkeologi
Astronomia	Astronomi
Biologia	Biologi
Bioquímica	Biokemi
Botânica	Botanik
Cinesiologia	Kinesiologi
Ecologia	Ekologi
Fisiologia	Fysiologi
Geologia	Geologi
Imunologia	Immunologi
Linguística	Lingvistik
Meteorologia	Meteorologi
Mineralogia	Mineralogi
Neurologia	Neurologi
Psicologia	Psykologi
Química	Kemi
Sociologia	Sociologi
Termodinâmica	Termodynamik
Zoologia	Zoologi

Ecologia
Ekologi

Clima	Klimat
Comunidades	Samhällen
Diversidade	Mångfald
Fauna	Fauna
Flora	Flora
Global	Global
Habitat	Livsmiljö
Marinho	Marin
Montanhas	Berg
Natural	Naturlig
Natureza	Natur
Pântano	Kärr
Plantas	Växter
Recursos	Medel
Seca	Torka
Sobrevivência	Överlevnad
Sustentável	Hållbar
Variedade	Mängd
Vegetação	Vegetation
Voluntários	Frivilliga

Edifícios
Byggnader

Apartamento	Lägenhet
Castelo	Slott
Celeiro	Lada
Cinema	Bio
Embaixada	Ambassad
Escola	Skola
Estádio	Stadion
Fazenda	Gård
Fábrica	Fabrik
Garagem	Garage
Hospital	Sjukhus
Hotel	Hotell
Laboratório	Laboratorium
Museu	Museum
Observatório	Observatorium
Supermercado	Mataffär
Teatro	Teater
Tenda	Tält
Torre	Torn
Universidade	Universitet

Energia
Energi

Ambiente	Miljö
Bateria	Batteri
Calor	Värme
Carbono	Kol
Combustível	Bränsle
Diesel	Diesel
Elétrico	Elektrisk
Elétron	Elektron
Entropia	Entropi
Fóton	Foton
Gasolina	Bensin
Hidrogênio	Väte
Indústria	Industri
Motor	Motor
Nuclear	Kärnkraft
Poluição	Förorening
Renovável	Förnybar
Sol	Sol
Turbina	Turbin
Vento	Vind

Engenharia
Teknik

Atrito	Friktion
Ângulo	Vinkel
Cálculo	Beräkning
Construção	Konstruktion
Diagrama	Diagram
Diâmetro	Diameter
Diesel	Diesel
Dimensões	Mått
Distribuição	Distribution
Eixo	Axel
Energia	Energi
Estabilidade	Stabilitet
Estrutura	Struktur
Força	Styrka
Líquido	Vätska
Máquina	Maskin
Medição	Mätning
Motor	Motor
Profundidade	Djup
Propulsão	Framdrivning

Especiarias
Kryddor

Açafrão	Saffran
Alcaçuz	Lakrits
Alho	Vitlök
Amargo	Bitter
Anis	Anis
Azedo	Sur
Baunilha	Vanilj
Canela	Kanel
Cardamomo	Kardemumma
Caril	Curry
Cebola	Lök
Coentro	Koriander
Cominho	Kummin
Doce	Söt
Funcho	Fänkål
Gengibre	Ingefära
Noz-Moscada	Muskot
Pimenta	Peppar
Sabor	Smak
Sal	Salt

Esporte
Sport

Atleta	Idrottare
Capacidade	Förmåga
Ciclismo	Cykling
Corpo	Kropp
Dançando	Dans
Dieta	Kost
Esportes	Sport
Força	Styrka
Jogging	Joggning
Maximizar	Maximera
Metabólico	Metabolisk
Músculos	Muskler
Nutrição	Näring
Objetivo	Mål
Ossos	Ben
Programa	Program
Resistência	Uthållighet
Saúde	Hälsa
Treinador	Tränare

Ética
Etik

Altruísmo	Altruism
Bondade	Vänlighet
Compaixão	Medkänsla
Cooperação	Samarbete
Dignidade	Värdighet
Diplomático	Diplomatisk
Filosofia	Filosofi
Honestidade	Ärlighet
Humanidade	Mänskligheten
Individualismo	Individualism
Integridade	Integritet
Otimismo	Optimism
Paciência	Tålamod
Racionalidade	Rationalitet
Razoável	Rimlig
Realismo	Realism
Respeitoso	Respektfull
Sabedoria	Visdom
Tolerância	Tolerans
Valores	Värden

Família
Familj

Antepassado	Förfader
Avó	Mormor
Avô	Farfar
Criança	Barn
Esposa	Fru
Filha	Dotter
Infância	Barndom
Irmã	Syster
Irmão	Bror
Marido	Make
Materno	Moders
Mãe	Mor
Neto	Barnbarn
Pai	Far
Paterno	Faderlig
Primo	Kusin
Sobrinha	Syskonbarn
Sobrinho	Brorson
Tia	Moster
Tio	Farbror

Fazenda #1
Gård #1

Abelha	Bi
Agricultura	Jordbruk
Arroz	Ris
Água	Vatten
Bezerro	Kalv
Burro	Åsna
Cabra	Get
Campo	Fält
Cavalo	Häst
Cão	Hund
Cerca	Staket
Corvo	Kråka
Feno	Hö
Fertilizante	Gödsel
Frango	Kyckling
Gato	Katt
Mel	Honung
Porco	Gris
Rebanho	Flock
Vaca	Ko

Fazenda #2
Gård #2

Agricultor	Bonde
Animais	Djur
Celeiro	Lada
Cevada	Korn
Colmeia	Bikupa
Cordeiro	Lamm
Fruta	Frukt
Irrigação	Bevattning
Leite	Mjölk
Lhama	Lama
Maduro	Mogen
Milho	Majs
Ovelha	Får
Pastor	Herde
Pato	Anka
Pomar	Fruktträdgård
Prado	Äng
Trator	Traktor
Trigo	Vete
Vegetal	Grönsak

Férias #2
Semester # 2

Aeroporto	Flygplats
Destino	Destination
Estrangeiro	Utlänning
Feriado	Semester
Fotos	Foton
Hotel	Hotell
Ilha	Ö
Lazer	Fritid
Mapa	Karta
Mar	Hav
Montanhas	Berg
Passaporte	Pass
Praia	Strand
Reservas	Reservationer
Restaurante	Restaurang
Táxi	Taxi
Tenda	Tält
Transporte	Transport
Viagem	Resa
Visto	Visum

Ficção Científica
Science Fiction

Atómico	Atom
Cinema	Bio
Distante	Avlägsen
Distopia	Dystopi
Explosão	Explosion
Extremo	Extrem
Fantástico	Fantastisk
Fogo	Eld
Futurista	Trogen
Galáxia	Galax
Ilusão	Illusion
Imaginário	Imaginär
Livros	Böcker
Misterioso	Mystisk
Mundo	Värld
Oráculo	Orakel
Planeta	Planet
Robôs	Robotar
Tecnologia	Teknik
Utopia	Utopi

Filantropia
Filantropi

Caridade	Välgörenhet
Comunidade	Gemenskap
Contatos	Kontakter
Crianças	Barn
Desafios	Utmaningar
Finança	Finans
Fundos	Medel
Generosidade	Generositet
Global	Global
Grupos	Grupper
História	Historia
Honestidade	Ärlighet
Humanidade	Mänskligheten
Juventude	Ungdom
Missão	Uppdrag
Necessidade	Behöver
Objetivos	Mål
Pessoas	Människor
Programas	Program
Público	Offentlig

Física
Fysik

Aceleração	Acceleration
Átomo	Atom
Caos	Kaos
Densidade	Densitet
Elétron	Elektron
Fórmula	Formel
Frequência	Frekvens
Gás	Gas
Gravidade	Allvar
Magnetismo	Magnetism
Massa	Massa
Mecânica	Mekanik
Molécula	Molekyl
Motor	Motor
Nuclear	Kärnkraft
Partícula	Partikel
Químico	Kemisk
Relatividade	Relativitet
Universal	Universell
Velocidade	Hastighet

Flores
Blommor

Buquê	Bukett
Calêndula	Ringblomma
Dente-De-Leão	Maskros
Gardênia	Gardenia
Girassol	Solros
Hibisco	Hibiskus
Jasmim	Jasmin
Lavanda	Lavendel
Lilás	Lila
Lírio	Lilja
Magnólia	Magnolia
Margarida	Tusensköna
Narciso	Påsklilja
Orquídea	Orkidé
Papoula	Vallmo
Peônia	Pion
Pétala	Kronblad
Plumeria	Plumeria
Trevo	Klöver
Tulipa	Tulpan

Floresta Tropical
Regnskog

Anfíbios	Amfibier
Botânico	Botanisk
Clima	Klimat
Comunidade	Gemenskap
Diversidade	Mångfald
Espécies	Art
Indígena	Inhemsk
Insetos	Insekter
Mamíferos	Däggdjur
Musgo	Mossa
Natureza	Natur
Nuvens	Moln
Pássaros	Fåglar
Preservação	Bevarande
Refúgio	Tillflykt
Respeito	Respekt
Restauração	Restaurering
Selva	Djungel
Sobrevivência	Överlevnad
Valioso	Värdefull

Força e Gravidade
Kraft och Gravitation

Atrito	Friktion
Centro	Centrum
Descoberta	Upptäckt
Dinâmico	Dynamisk
Distância	Avstånd
Eixo	Axel
Expansão	Expansion
Física	Fysik
Impacto	Effekt
Magnetismo	Magnetism
Magnitude	Magnitud
Mecânica	Mekanik
Órbita	Omloppsbana
Peso	Vikt
Planetas	Planeter
Pressão	Tryck
Propriedades	Egenskaper
Rapidez	Hastighet
Tempo	Tid
Universal	Universell

Formas
Former

Arco	Båge
Canto	Hörn
Cilindro	Cylinder
Círculo	Cirkel
Cone	Kon
Cubo	Kub
Curva	Kurva
Elipse	Ellips
Esfera	Sfär
Hipérbole	Hyperbel
Lado	Sida
Linha	Linje
Oval	Oval
Pirâmide	Pyramid
Polígono	Polygon
Prisma	Prisma
Quadrado	Torg
Retângulo	Rektangel
Triângulo	Triangel

Frutas
Frukt

Abacate	Avokado
Abacaxi	Ananas
Amora	Björnbär
Baga	Bär
Banana	Banan
Cereja	Körsbär
Coco	Kokos
Damasco	Aprikos
Figo	Fikon
Framboesa	Hallon
Kiwi	Kiwi
Laranja	Apelsin
Limão	Citron
Maçã	Äpple
Mamão	Papaya
Manga	Mango
Nectarina	Nektarin
Pera	Päron
Pêssego	Persika
Uva	Druva

Geografia
Geografi

Altitude	Höjd
Atlas	Atlas
Cidade	Stad
Continente	Kontinent
Hemisfério	Halvklot
Ilha	Ö
Latitude	Breddgrad
Longitude	Longitud
Mapa	Karta
Mar	Hav
Meridiano	Meridian
Montanha	Berg
Mundo	Värld
Norte	Norr
Oeste	Väst
País	Land
Região	Område
Rio	Flod
Sul	Söder
Território	Territorium

Geologia
Geologi

Ácido	Syra
Camada	Lager
Caverna	Grotta
Cálcio	Kalcium
Continente	Kontinent
Coral	Korall
Cristais	Kristaller
Erosão	Erosion
Estalactite	Stalaktit
Estalagmites	Stalagmiter
Fóssil	Fossil
Lava	Lava
Minerais	Mineraler
Pedra	Sten
Platô	Platå
Quartzo	Kvarts
Sal	Salt
Terremoto	Jordbävning
Vulcão	Vulkan
Zona	Zon

Geometria
Geometri

Altura	Höjd
Ângulo	Vinkel
Cálculo	Beräkning
Círculo	Cirkel
Curva	Kurva
Diâmetro	Diameter
Dimensão	Dimension
Equação	Ekvation
Horizontal	Horisontell
Lógica	Logik
Massa	Massa
Mediana	Median
Paralelo	Parallell
Proporção	Andel
Segmento	Segment
Simetria	Symmetri
Superfície	Yta
Teoria	Teori
Triângulo	Triangel
Vertical	Vertikal

Governo
Regeringen

Cidadania	Medborgarskap
Civil	Civil
Constituição	Konstitution
Democracia	Demokrati
Discurso	Tal
Discussão	Diskussion
Distrito	Distrikt
Estado	Stat
Igualdade	Jämlikhet
Independência	Oberoende
Judicial	Rättslig
Justiça	Rättvisa
Lei	Lag
Liberdade	Frihet
Líder	Ledare
Monumento	Monument
Nacional	Nationell
Nação	Nation
Política	Politik
Símbolo	Symbol

Herbalismo
Herbalism

Açafrão	Saffran
Alecrim	Rosmarin
Alho	Vitlök
Aromático	Aromatisk
Benéfico	Välgörande
Coentro	Koriander
Estragão	Dragon
Flor	Blomma
Funcho	Fänkål
Ingrediente	Ingrediens
Jardim	Trädgård
Lavanda	Lavendel
Manjericão	Basilika
Manjerona	Mejram
Planta	Växt
Qualidade	Kvalitet
Sabor	Smak
Salsa	Persilja
Tomilho	Timjan
Verde	Grön

Instrumentos Musicais
Musikinstrument

Bandolim	Mandolin
Banjo	Banjo
Clarinete	Klarinett
Fagote	Fagott
Flauta	Flöjt
Gaita	Munspel
Gongo	Gong
Harpa	Harpa
Marimba	Marimba
Oboé	Oboe
Pandeiro	Tamburin
Percussão	Slagverk
Piano	Piano
Saxofone	Saxofon
Tambor	Trumma
Trombone	Trombon
Trompete	Trumpet
Violão	Gitarr
Violino	Fiol
Violoncelo	Cello

Jardim
Trädgård

Ancinho	Räfsa
Arbusto	Buske
Árvore	Träd
Banco	Bänk
Cerca	Staket
Flor	Blomma
Garagem	Garage
Grama	Gräs
Gramado	Gräsmatta
Jardim	Trädgård
Lagoa	Damm
Maca	Hängmatta
Mangueira	Slang
Pá	Skyffel
Pomar	Fruktträdgård
Solo	Jord
Terraço	Terrass
Trampolim	Trampolin
Varanda	Veranda
Videira	Vin

Jardinagem
Trädgårdsarbete

Água	Vatten
Botânico	Botanisk
Buquê	Bukett
Clima	Klimat
Comestível	Ätlig
Composto	Kompost
Espécies	Art
Exótico	Exotisk
Flor	Blomma
Floral	Blommig
Folha	Blad
Folhagem	Lövverk
Mangueira	Slang
Pomar	Fruktträdgård
Recipiente	Behållare
Sementes	Frön
Solo	Jord
Sujeira	Smuts
Umidade	Fukt

Jazz
Jazz

Artista	Konstnär
Álbum	Album
Bateria	Trummor
Canção	Låt
Compositor	Kompositör
Concerto	Konsert
Estilo	Stil
Ênfase	Betoning
Famoso	Känd
Favoritos	Favoriter
Gênero	Genre
Improvisação	Improvisation
Influências	Influenser
Música	Musik
Novo	Ny
Orquestra	Orkester
Ritmo	Rytm
Talento	Talang
Técnica	Teknik
Velho	Gammal

Literatura
Litteratur

Analogia	Analogi
Análise	Analys
Anedota	Anekdot
Autor	Författare
Biografia	Biografi
Comparação	Jämförelse
Conclusão	Slutsats
Descrição	Beskrivning
Diálogo	Dialog
Estilo	Stil
Metáfora	Metafor
Narrador	Berättare
Opinião	Åsikt
Poema	Dikt
Poético	Poetisk
Rima	Rim
Ritmo	Rytm
Romance	Roman
Tema	Tema
Tragédia	Tragedi

Livros
Böcker

Autor	Författare
Aventura	Äventyr
Coleção	Samling
Contexto	Sammanhang
Dualidade	Dualitet
Escrito	Skrivs
Épico	Episk
História	Berättelse
Histórico	Historisk
Leitor	Läsare
Literário	Litterär
Narrador	Berättare
Página	Sida
Personagem	Karaktär
Poema	Dikt
Poesia	Poesi
Relevante	Relevant
Romance	Roman
Série	Rad
Trágico	Tragisk

Mamíferos
Däggdjur

Baleia	Val
Camelo	Kamel
Canguru	Känguru
Castor	Bäver
Cavalo	Häst
Cão	Hund
Coelho	Kanin
Coiote	Prärievarg
Elefante	Elefant
Gato	Katt
Girafa	Giraff
Golfinho	Delfin
Gorila	Gorilla
Leão	Lejon
Lobo	Varg
Macaco	Apa
Ovelha	Får
Raposa	Räv
Touro	Tjur
Zebra	Zebra

Matemática
Matematik

Aritmética	Aritmetisk
Ângulos	Vinklar
Circunferência	Omkrets
Decimal	Decimal
Diâmetro	Diameter
Equação	Ekvation
Expoente	Exponent
Fração	Fraktion
Geometria	Geometri
Números	Tal
Paralelo	Parallell
Perpendicular	Vinkelrät
Polígono	Polygon
Quadrado	Torg
Raio	Radie
Retângulo	Rektangel
Simetria	Symmetri
Soma	Summa
Triângulo	Triangel
Volume	Volym

Material de Arte
Konstmaterial

Acrílico	Akryl
Apagador	Suddgummi
Aquarelas	Akvareller
Argila	Lera
Água	Vatten
Cadeira	Stol
Carvão	Träkol
Cavalete	Staffli
Câmera	Kamera
Cola	Lim
Cores	Färger
Criatividade	Kreativitet
Escovas	Borstar
Lápis	Pennor
Mesa	Tabell
Óleo	Olja
Papel	Papper
Tinta	Bläck
Tintas	Färg

Medições
Mått

Altura	Höjd
Byte	Byte
Centímetro	Centimeter
Comprimento	Längd
Decimal	Decimal
Grama	Gram
Grau	Grad
Largura	Bredd
Litro	Liter
Massa	Massa
Metro	Meter
Minuto	Minut
Onça	Uns
Peso	Vikt
Polegada	Tum
Profundidade	Djup
Quilograma	Kilogram
Quilômetro	Kilometer
Tonelada	Ton
Volume	Volym

Meditação
Meditation

Aceitação	Godkännande
Acordado	Vaken
Atenção	Uppmärksamhet
Bondade	Vänlighet
Clareza	Klarhet
Compaixão	Medkänsla
Emoções	Känslor
Gratidão	Tacksamhet
Hábitos	Vanor
Mental	Psykisk
Mente	Sinne
Movimento	Rörelse
Música	Musik
Natureza	Natur
Observação	Observation
Paz	Fred
Pensamentos	Tankar
Perspectiva	Perspektiv
Postura	Hållning
Silêncio	Tystnad

Mitologia
Mytologi

Arquétipo	Arketyp
Ciúmes	Svartsjuka
Comportamento	Beteende
Criação	Skapande
Criatura	Varelse
Cultura	Kultur
Desastre	Katastrof
Força	Styrka
Guerreiro	Krigare
Heroína	Hjältinna
Herói	Hjälte
Imortalidade	Odödlighet
Labirinto	Labyrint
Lenda	Legend
Mágico	Magisk
Monstro	Monster
Mortal	Dödlig
Relâmpago	Blixt
Trovão	Åska
Vingança	Hämnd

Moda
Mode

Acessível	Prisvärd
Bordado	Broderi
Botões	Knappar
Boutique	Boutique
Caro	Dyr
Confortável	Bekväm
Elegante	Elegant
Estilo	Stil
Medidas	Mätningar
Minimalista	Minimalistisk
Moderno	Modern
Modesto	Blygsam
Original	Original
Prático	Praktisk
Renda	Spets
Roupa	Kläder
Simples	Enkel
Tecido	Tyg
Tendência	Trend
Textura	Textur

Música
Musik

Álbum	Album
Balada	Ballad
Cantar	Sjunga
Cantor	Sångare
Clássico	Klassisk
Coro	Kör
Gravação	Inspelning
Harmonia	Harmoni
Improvisar	Improvisera
Instrumento	Instrument
Lírico	Lyrisk
Melodia	Melodi
Microfone	Mikrofon
Musical	Musikalisk
Músico	Musiker
Ópera	Opera
Poético	Poetisk
Ritmo	Rytm
Tempo	Tempo
Vocal	Sång

Natureza
Natur

Abelhas	Bin
Abrigo	Skydd
Animais	Djur
Ártico	Arktisk
Beleza	Skönhet
Deserto	Öken
Dinâmico	Dynamisk
Erosão	Erosion
Floresta	Skog
Folhagem	Lövverk
Geleira	Glaciär
Nevoeiro	Dimma
Nuvens	Moln
Pacífico	Fredlig
Rio	Flod
Santuário	Fristad
Selvagem	Vild
Sereno	Lugn
Tropical	Tropisk
Vital	Avgörande

Negócios
Företag

Carreira	Karriär
Custo	Kosta
Desconto	Rabatt
Dinheiro	Pengar
Economia	Ekonomi
Empregado	Anställd
Empregador	Arbetsgivare
Empresa	Företag
Escritório	Kontor
Fábrica	Fabrik
Finança	Finans
Impostos	Skatter
Investimento	Investering
Loja	Butik
Lucro	Vinst
Mercadoria	Varor
Moeda	Valuta
Orçamento	Budget
Rendimento	Inkomst
Venda	Försäljning

Nutrição
Näring

Amargo	Bitter
Apetite	Aptit
Calorias	Kalorier
Carboidratos	Kolhydrater
Comestível	Ätlig
Dieta	Kost
Digestão	Matsmältning
Equilibrado	Balanserad
Fermentação	Jäsning
Líquidos	Vätskor
Molho	Sås
Nutriente	Näringsämne
Peso	Vikt
Proteínas	Proteiner
Qualidade	Kvalitet
Sabor	Smak
Saudável	Friska
Saúde	Hälsa
Toxina	Toxin
Vitamina	Vitamin

Números
Nummer

Cinco	Fem
Decimal	Decimal
Dez	Tio
Dezesseis	Sexton
Dezessete	Sjutton
Dezoito	Arton
Dois	Två
Doze	Tolv
Nove	Nio
Oito	Åtta
Quatorze	Fjorton
Quatro	Fyra
Quinze	Femton
Seis	Sex
Sete	Sju
Treze	Tretton
Três	Tre
Um	Ett
Vinte	Tjugo
Zero	Noll

Oceano
Hav

Alga	Alger
Atum	Tonfisk
Baleia	Val
Barco	Båt
Camarão	Räka
Caranguejo	Krabba
Coral	Korall
Enguia	Ål
Esponja	Svamp
Golfinho	Delfin
Marés	Tidvatten
Medusa	Manet
Ostra	Ostron
Peixe	Fisk
Polvo	Bläckfisk
Recife	Rev
Sal	Salt
Tartaruga	Sköldpadda
Tempestade	Storm
Tubarão	Haj

Paisagens
Landskap

Cascata	Vattenfall
Caverna	Grotta
Colina	Kulle
Deserto	Öken
Enseada	Vik
Geleira	Glaciär
Golfo	Golf
Iceberg	Isberg
Ilha	Ö
Lago	Sjö
Mar	Hav
Montanha	Berg
Oásis	Oas
Pântano	Träsk
Península	Halvö
Praia	Strand
Rio	Flod
Tundra	Tundra
Vale	Dal
Vulcão	Vulkan

Países #1
Länder #1

Alemanha	Tyskland
Brasil	Brasilien
Camboja	Kambodja
Canadá	Kanada
Egito	Egypten
Equador	Ecuador
Espanha	Spanien
Finlândia	Finland
Iraque	Irak
Israel	Israel
Itália	Italien
Índia	Indien
Mali	Mali
Marrocos	Marocko
Nicarágua	Nicaragua
Noruega	Norge
Panamá	Panama
Polônia	Polen
Senegal	Senegal
Venezuela	Venezuela

Países #2
Länder #2

Albânia	Albanien
Dinamarca	Danmark
França	Frankrike
Grécia	Grekland
Haiti	Haiti
Indonésia	Indonesien
Irlanda	Irland
Jamaica	Jamaica
Japão	Japan
Laos	Laos
Líbano	Libanon
México	Mexico
Nepal	Nepal
Nigéria	Nigeria
Paquistão	Pakistan
Rússia	Ryssland
Síria	Syrien
Somália	Somalia
Ucrânia	Ukraina
Uganda	Uganda

Pássaros
Fåglar

Avestruz	Struts
Águia	Örn
Cegonha	Stork
Cisne	Svan
Corvo	Kråka
Cuco	Gök
Flamingo	Flamingo
Frango	Kyckling
Gaivota	Mås
Ganso	Gås
Garça	Häger
Ovo	Ägg
Papagaio	Papegoja
Pardal	Sparv
Pato	Anka
Pavão	Påfågel
Pelicano	Pelikan
Pinguim	Pingvin
Pombo	Duva
Tucano	Toucan

Pesca
Fiske

Água	Vatten
Barbatanas	Fenor
Barco	Båt
Brânquias	Gälar
Cesta	Korg
Cozinhar	Kock
Equipamento	Utrustning
Exagero	Överdrift
Fio	Tråd
Gancho	Krok
Isca	Bete
Lago	Sjö
Mandíbula	Käke
Oceano	Hav
Paciência	Tålamod
Peso	Vikt
Praia	Strand
Rio	Flod
Temporada	Säsong

Plantas
Växter

Arbusto	Buske
Árvore	Träd
Baga	Bär
Bambu	Bambu
Botânica	Botanik
Cacto	Kaktus
Erva	Ört
Feijão	Böna
Fertilizante	Gödsel
Flor	Blomma
Flora	Flora
Floresta	Skog
Folhagem	Lövverk
Grama	Gräs
Hera	Murgröna
Jardim	Trädgård
Musgo	Mossa
Pétala	Kronblad
Raiz	Rot
Vegetação	Vegetation

Profissões #1
Yrken # 1

Advogado	Advokat
Artista	Konstnär
Astrônomo	Astronom
Banqueiro	Bankir
Bombeiro	Brandman
Caçador	Jägare
Cartógrafo	Kartograf
Cientista	Forskare
Dançarino	Dansare
Editor	Redaktör
Embaixador	Ambassadör
Encanador	Rörmokare
Enfermeira	Sjuksköterska
Geólogo	Geolog
Joalheiro	Juvelerare
Marinheiro	Sjöman
Músico	Musiker
Pianista	Pianist
Psicólogo	Psykolog
Veterinário	Veterinär

Profissões #2
Yrken # 2

Agricultor	Bonde
Astronauta	Astronaut
Bibliotecário	Bibliotekarie
Biólogo	Biolog
Cirurgião	Kirurg
Dentista	Tandläkare
Detetive	Detektiv
Engenheiro	Ingenjör
Filósofo	Filosof
Fotógrafo	Fotograf
Ilustrador	Illustratör
Inventor	Uppfinnare
Investigador	Forskare
Jornalista	Journalist
Linguista	Lingvist
Médico	Läkare
Piloto	Pilot
Pintor	Målare
Professor	Lärare
Zoólogo	Zoolog

Psicologia
Psykologi

Avaliação	Bedömning
Clínico	Klinisk
Comportamento	Beteende
Compromisso	Utnämning
Conflito	Konflikt
Ego	Ego
Emoções	Känslor
Experiências	Erfarenheter
Inconsciente	Medvetslös
Infância	Barndom
Influências	Influenser
Pensamentos	Tankar
Percepção	Uppfattning
Personalidade	Personlighet
Problema	Problem
Realidade	Verklighet
Sensação	Känsla
Sonhos	Drömmar
Subconsciente	Undermedvetna
Terapia	Terapi

Química
Kemi

Alcalino	Alkalisk
Ácido	Syra
Calor	Värme
Carbono	Kol
Catalisador	Katalysator
Cloro	Klor
Elementos	Element
Elétron	Elektron
Enzima	Enzym
Gás	Gas
Hidrogênio	Väte
Íon	Jon
Líquido	Vätska
Molécula	Molekyl
Nuclear	Kärnkraft
Orgânico	Organisk
Oxigénio	Syre
Peso	Vikt
Sal	Salt
Temperatura	Temperatur

Restaurante # 2
Restaurang nr 2

Almoço	Lunch
Água	Vatten
Bebida	Dryck
Bolo	Kaka
Cadeira	Stol
Colher	Sked
Delicioso	Läcker
Especiarias	Kryddor
Fruta	Frukt
Garçom	Servitör
Garfo	Gaffel
Gelo	Is
Jantar	Middag
Legumes	Grönsaker
Macarrão	Nudlar
Ovo	Ägg
Peixe	Fisk
Sal	Salt
Salada	Sallad
Sopa	Soppa

Roupas
Kläder

Avental	Förkläde
Blusa	Blus
Calça	Byxor
Camisa	Skjorta
Casaco	Päls
Chapéu	Hatt
Cinto	Bälte
Colar	Halsband
Jaqueta	Jacka
Jeans	Jeans
Luvas	Handskar
Meias	Strumpor
Moda	Mode
Pijama	Pyjamas
Pulseira	Armband
Saia	Kjol
Sandálias	Sandaler
Sapato	Sko
Suéter	Tröja
Vestido	Klänning

Saúde e Bem-Estar #1
Hälsa och Välbefinnande

Altura	Höjd
Ativo	Aktiv
Bactérias	Bakterie
Clínica	Klinik
Doutor	Läkare
Farmácia	Apotek
Fome	Hunger
Fratura	Fraktur
Hábito	Vana
Hormones	Hormoner
Medicina	Medicin
Nervos	Nerver
Ossos	Ben
Pele	Hud
Postura	Hållning
Reflexo	Reflex
Relaxamento	Avkoppling
Terapia	Terapi
Tratamento	Behandling
Vírus	Virus

Saúde e Bem-Estar #2
Hälsa och Välbefinnande

Alergia	Allergi
Anatomia	Anatomi
Apetite	Aptit
Caloria	Kalori
Corpo	Kropp
Dieta	Kost
Digestão	Matsmältning
Doença	Sjukdom
Energia	Energi
Genética	Genetik
Higiene	Hygien
Hospital	Sjukhus
Humor	Humör
Infecção	Infektion
Massagem	Massage
Peso	Vikt
Recuperação	Återhämtning
Sangue	Blod
Saudável	Friska
Vitamina	Vitamin

Tempo
Tid

Agora	Nu
Ano	År
Antes	Före
Anual	Årlig
Calendário	Kalender
Década	Årtionde
Dia	Dag
Futuro	Framtid
Hoje	Idag
Hora	Timme
Manhã	Morgon
Meio-Dia	Middag
Mês	Månad
Minuto	Minut
Momento	Ögonblick
Noite	Natt
Ontem	Igår
Relógio	Klocka
Semana	Vecka
Século	Århundrade

Tipos de Cabelo
Hårtyper

Branco	Vit
Brilhante	Skinande
Cachos	Lockar
Careca	Skallig
Cinza	Grå
Colori	Färgad
Encaracolado	Lockigt
Fino	Tunn
Grosso	Tjock
Loiro	Blond
Longo	Lång
Marrom	Brun
Ondulado	Vågig
Prata	Silver
Preto	Svart
Saudável	Friska
Seco	Torr
Suave	Mjuk
Trançado	Flätad
Tranças	Flätor

Universo
Universum

Asteróide	Asteroid
Astronomia	Astronomi
Astrônomo	Astronom
Atmosfera	Atmosfär
Celestial	Himmelsk
Céu	Himmel
Cósmico	Kosmisk
Equador	Ekvator
Galáxia	Galax
Hemisfério	Halvklot
Horizonte	Horisont
Latitude	Breddgrad
Longitude	Longitud
Lua	Måne
Órbita	Omloppsbana
Solar	Sol
Solstício	Solstånd
Telescópio	Teleskop
Visível	Synlig
Zodíaco	Djurkretsen

Vegetais
Grönsaker

Abóbora	Pumpa
Aipo	Selleri
Alcachofra	Kronärtskocka
Alho	Vitlök
Batata	Potatis
Beringela	Äggplanta
Brócolis	Broccoli
Cebola	Lök
Cenoura	Morot
Chalota	Schalottenlök
Cogumelo	Svamp
Ervilha	Ärta
Espinafre	Spenat
Gengibre	Ingefära
Nabo	Rova
Pepino	Gurka
Rabanete	Rädisa
Salada	Sallad
Salsa	Persilja
Tomate	Tomat

Veículos
Fordon

Ambulância	Ambulans
Avião	Flygplan
Balsa	Färja
Barco	Båt
Bicicleta	Cykel
Caminhão	Lastbil
Caravana	Husvagn
Carro	Bil
Foguete	Raket
Helicóptero	Helikopter
Jangada	Flotte
Lambreta	Skoter
Metrô	Tunnelbana
Motor	Motor
Ônibus	Buss
Pneus	Däck
Submarino	Ubåt
Táxi	Taxi
Transporte	Skyttel
Trator	Traktor

Virtudes #1
Dygder #1

Apaixonado	Passionerad
Artístico	Konstnärlig
Bom	Bra
Confiante	Säker
Curioso	Nyfiken
Decisivo	Avgörande
Eficiente	Effektiv
Encantador	Charmig
Engraçado	Rolig
Generoso	Generös
Imaginativo	Fantasifull
Independente	Oberoende
Inteligente	Intelligent
Limpo	Ren
Modesto	Blygsam
Paciente	Patient
Prático	Praktisk
Sábio	Klok
Útil	Hjälpsam

Parabéns

Conseguiu!

Esperamos que tenha gostado tanto deste livro como nós gostamos de o desenhar. Esforçamo-nos por criar livros da mais alta qualidade possível.
Esta edição foi concebida para proporcionar uma aprendizagem inteligente, de qualidade e divertida!

Gostou deste livro?

Um simples pedido

Estes livros existem graças às críticas que publica.
Pode ajudar-nos, deixando agora uma revisão?

Aqui está um pequeno link para
a sua página de revisão:

BestBooksActivity.com/Avaliacoes50

DESAFIO FINAL!

Desafio n° 1

Está pronto para o seu jogo grátis? Usamo-los a toda a hora, mas não são tão fáceis de encontrar - aqui estão os **Sinônimos!**
Escreva 5 palavras que encontrou nos puzzles (n° 21, n° 36, n° 76) e tente encontrar 2 sinónimos para cada palavra.

Escreva 5 palavras de *Puzzle 21*

Palavras	Sinônimo 1	Sinônimo 2

Escreva 5 palavras de *Puzzle 36*

Palavras	Sinônimo 1	Sinônimo 2

Escreva 5 palavras de *Puzzle 76*

Palavras	Sinônimo 1	Sinônimo 2

Desafio n° 2

Agora que já aqueceu, escreva 5 palavras que encontrou nos Puzzles (n° 9, n° 17 e n° 25) e tente encontrar 2 antônimos para cada palavra. Quantos se podem encontrar em 20 minutos?

Escreva 5 palavras de **Puzzle 9**

Palavras	Antônimo 1	Antônimo 2

Escreva 5 palavras de **Puzzle 17**

Palavras	Antônimo 1	Antônimo 2

Escreva 5 palavras de **Puzzle 25**

Palavras	Antônimo 1	Antônimo 2

Desafio n° 3

Óptimo! Este desafio final não é nada para si.

Pronto para o desafio final? Escolha 10 palavras que tenha descoberto nos diferentes puzzles e escreva-as abaixo.

1.	6.
2.	7.
3.	8.
4.	9.
5.	10.

Agora escreva um texto a pensar numa pessoa, num animal ou num lugar de seu agrado.

Pode utilizar a última página deste livro como um rascunho.

A Sua Composição:

CADERNO DE NOTAS:

ATÉ BREVE!

A equipa Inteira

DESCUBRA JOGOS GRATUITOS

GO

BESTACTIVITYBOOKS.COM/FREEGAMES